# APRENDENDO
## INTELIGÊNCIA

*PIERLUIGI PIAZZI: **PROF. PIER***

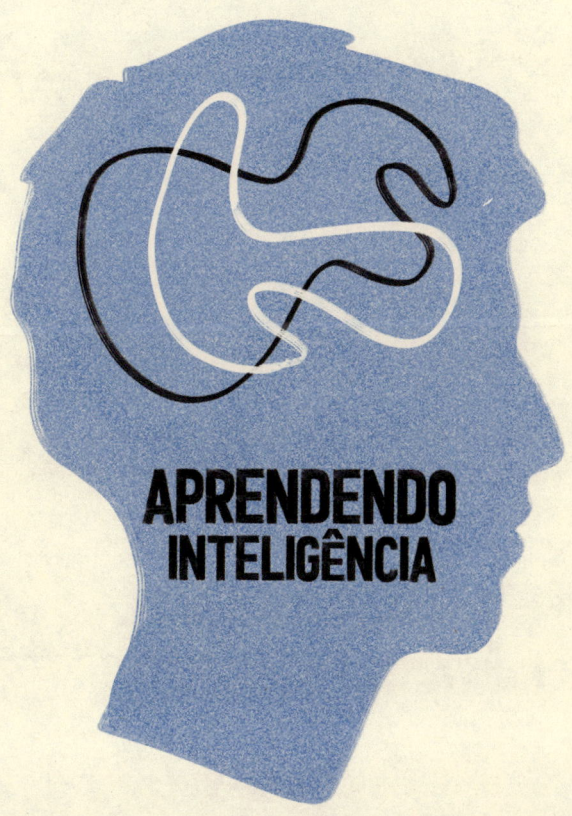

# APRENDENDO INTELIGÊNCIA

**MANUAL DE INSTRUÇÕES DO CÉREBRO
PARA ESTUDANTES EM GERAL**

4ª edição

goya

# APRENDENDO INTELIGÊNCIA

**COPIDESQUE:**
Isabela Talarico

**CAPA E PROJETO GRÁFICO:**
Renata Polastri | Estúdio Bogotá

**REVISÃO:**
João Rodrigues
Luciane H. Gomide

---

DADOS INTERNACIONAIS DE CATALOGAÇÃO NA PUBLICAÇÃO (CIP)
DE ACORDO COM ISBD

---

P584a   Piazzi, Pierluigi
Aprendendo inteligência: manual de instruções do cérebro para estudantes
em geral / Pierluigi Piazzi. - 4. ed. - São Paulo, SP : Goya, 2025.
144 p. ; 14cm x 21cm.

ISBN: 978-85-7657-593-1

1. Educação. 2. Pedagogia. 3. Autodesenvolvimento. 4 Inteligência.
5. Neurologia. I. Título

|  | CDD 370 |
|---|---|
| 2024-4149 | CDU 37 |

ELABORADO POR ODILIO HILARIO MOREIRA JUNIOR - CRB-8/9949

ÍNDICES PARA CATÁLOGO SISTEMÁTICO:
1. Educação 370
2. Educação 37

---

COPYRIGHT © PIERLUIGI PIAZZI, 2007
COPYRIGHT © EDITORA ALEPH, 2025

TODOS OS DIREITOS RESERVADOS.
PROIBIDA A REPRODUÇÃO, NO TODO OU EM PARTE,
ATRAVÉS DE QUAISQUER MEIOS, SEM A DEVIDA AUTORIZAÇÃO.

## goya
é um selo da Editora Aleph Ltda.

Rua Bento Freitas, 306, cj. 71
01220-000 – São Paulo – SP – Brasil
Tel.: 11 3743-3202

**WWW.EDITORAGOYA.COM.BR**

@editoragoya

# SUMÁRIO

**9** NOTA A ESTA EDIÇÃO
**11** PREFÁCIO
**13** INTRODUÇÃO

# PARTE 1

A "PROGRAMAÇÃO" DO SEU CÉREBRO

**18** POR QUE ESTUDAR?
**28** QUANDO ESTUDAR?
**48** QUANTO ESTUDAR?
**55** COMO ESTUDAR?

# PARTE 2

ACELERANDO OS NEURÔNIOS

**68** COMO SE TORNAR MAIS INTELIGENTE

**77** OS CINCO PASSOS

**122** UM POUCO DE CIBERNÉTICA

**130** AGORA, UMA PROVINHA

**135** REFERÊNCIAS

**137** AGRADECIMENTOS

## NOTA A ESTA EDIÇÃO

Chegamos à quarta edição de *Aprendendo inteligência* com um senso de dever cumprido e com a sensação de que ainda existe muito a ser feito. Dever cumprido pois milhares de exemplares deste livro foram vendidos e chegaram às mãos dos mais diversos estudantes do país. Sensação de que ainda existe muito a fazer pois ensinar alunos a estudar é uma tarefa constante, atemporal e sempre necessária.

Meu pai, professor por anos e uma pessoa que tinha o magistério como vocação de vida, escreveu este livro principalmente para ajudar os próprios alunos.

Ele dedicou os últimos anos de vida a ministrar palestras por todo o Brasil, com o intuito de alertar alunos, pais e educadores de que o sistema educacional brasileiro precisa ser revisto urgentemente. Essa sua eterna disposição para falar sobre o tema ficou gravada em diversas aulas, que agora estão reunidas na plataforma:

www.professorpier.com.br

Lá, você vai encontrar também as resoluções para as atividades propostas neste livro.

Espero que esse novo recurso instigue ainda mais a inteligência e a vontade de aprender — que são, no fundo, a mesma coisa — de todos.

**Adriano Fromer Piazzi**

# PREFÁCIO

No início, minha intenção ao publicar este livro era ajudar muitos alunos a transformar seu tempo de escola em algo útil e construtivo, fazendo-os subir gradativamente a escada da inteligência.

Para tanto, escrevi o óbvio. Nada do que está neste volume é particularmente inovador e/ou revolucionário. Foi uma contribuição modesta, sem nenhuma pretensão de se tornar uma espécie de best-seller.

Apesar disso, o livro começou a circular e a gerar um fenômeno que me surpreendeu: quanto mais vende... mais ele continua a vender.

As pessoas que o leem tendem a emprestá-lo ou a indicá-lo para outras. Ele foi adotado em muitas escolas e, mesmo tendo uma linguagem destinada a crianças e adolescentes, fez sucesso em muitos cursos superiores!

Paradoxalmente, todo esse sucesso acabou gerando, em mim, certa tristeza.

Eu sei que é muito estranho um autor se sentir um pouco triste com o sucesso obtido por um de seus livros. Mas isso tem uma explicação.

Tenho recebido inúmeras mensagens de leitores cuja frase mais frequente é: **Por que não o li antes?**

É isto o que me entristece: ver jovens jogarem fora anos e anos de escola por terem recebido uma orientação equivocada, tanto das famílias que fazem uma cobrança errada quanto de uma pseudopedagogia que não se preocupa em transformar **alunos** em **estudantes**.

Tristeza e, por que não, um pouco de arrependimento. Afinal... **por que não o escrevi antes?**

# INTRODUÇÃO

Ao longo do último meio século, tenho tentado fazer com que as pessoas que me rodeiam – colegas, amigos, alunos, filhos – fiquem cada vez mais inteligentes.

Por incrível que pareça… tenho conseguido!

Essa é a razão pela qual reduzi minhas atividades em sala de aula (mas que nunca irei abandonar: morrerei com um pedaço de giz na mão) e tenho me dedicado a percorrer escolas fazendo palestras, de forma a, se não eliminar, pelo menos reduzir os absurdos cometidos por alunos, famílias, professores e pedagogos quando o assunto é **escola**.

Algumas noções de neuropedagogia permitem que as pessoas percebam esses absurdos, presentes em 99% das escolas brasileiras.

A receptividade tem sido excelente (com, é claro, algumas exceções), mas, em minha opinião, insuficiente.

No fim do dia tudo parece mudar para melhor, mas, com o correr do tempo, velhos vícios retornam e os absurdos voltam a ser cometidos.

Além disso, por mais que eu me predisponha a viajar, o Brasil é imenso e o número de escolas que precisariam repensar suas certezas é gigantesco.

A solução é óbvia: escrever um livro para atingir um público maior. Na realidade, três livros: um para alunos, outro para pais e um terceiro para professores.

Este é o primeiro, porque resolvi começar pelo público mais disposto a mudar: os alunos.

O livro está dividido em duas partes: na primeira, o leitor (você) poderá entender o que há de errado na maneira de encarar a escola e como, de forma até fácil e simples, evitar os erros mais comuns.

Na segunda parte, há uma espécie de receita de como se tornar mais inteligente.

Pode acreditar... funciona!

Um dos ingredientes da receita é obrigar o cérebro a fazer "musculação mental", ou seja, se há uma forma fácil e uma difícil, opte pela difícil. Para ser coerente, portanto, coloquei as citações no idioma original no começo de cada capítulo, só para ficar um pouco mais difícil.[1]

Boa leitura!

---

1   Não se preocupe, no rodapé eu coloquei uma versão em português.

# PARTE 1

A "PROGRAMAÇÃO" DO SEU CÉREBRO

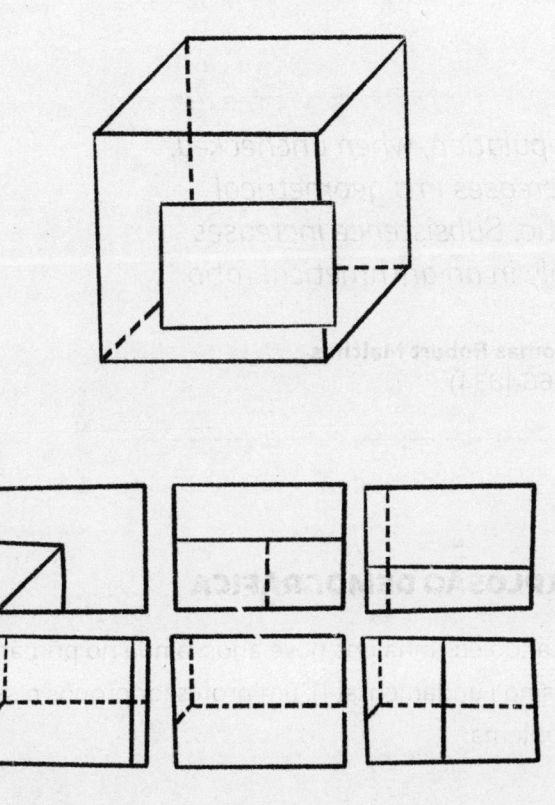

# POR QUE ESTUDAR?

*Population, when unchecked, increases in a geometrical ratio. Subsistence increases only in an arithmetical ratio.*[2]

**Thomas Robert Malthus**
(1766-1834)

## EXPLOSÃO DEMOGRÁFICA

Quando eu tinha uns nove anos, ainda no primário (hoje Ensino Fundamental I), um professor propôs o seguinte problema:

> *Dentro de uma garrafa cheia de um líquido nutritivo, cai um micróbio. O micróbio se alimenta, cresce e se divide em dois. Os dois se alimentam, crescem e, por sua vez, se dividem, dando origem a quatro micróbios. Verificamos que*

---

[2] População, quando não controlada, cresce em razão geométrica. Recursos de subsistência crescem, apenas, em razão aritmética.

*o número de micróbios duplica de minuto em minuto. Sabemos que o primeiro micróbio caiu na garrafa à meia-noite e que a garrafa encheu de micróbios pela metade em quatro horas, ou seja, ela está pela metade às quatro horas da manhã. A que horas ela estará totalmente cheia?*

E todos nós, trouxas, caímos na armadilha e respondemos quase em coro: Às oito horas.

Com muita paciência, o professor nos explicou que, se o número de micróbios duplicava a cada minuto, em apenas mais um minuto a garrafa, que já estava pela metade, iria se encher completamente.

A resposta correta, portanto, seria: Às quatro horas e um minuto!

Nesse momento, experimentei a saudável sensação de ser um verdadeiro tonto (sensação essa que se repetiria frequentemente ao longo de minha existência).

O episódio, porém, teria sido completamente esquecido se, muitos anos mais tarde, eu não tivesse lido um artigo escrito por alguém que, com certeza, conhecia a história dos micróbios.

Em resumo, a história começava com a garrafa pela metade e um micróbio político fazendo um discurso pela "Rede Ameba":

> *Minhas compatriotas e meus compatriotas!*
> *Já faz muito tempo, quatro longas horas para ser exato, que nosso ancestral comum chegou a esta garrafa deserta e, com corajoso espírito pioneiro, a colonizou.*

*Nossa estirpe orgulhosamente cresceu, apesar dos gritos de estúpidos ambientalistas que ficam bradando contra o que eles denominam "crescimento desordenado" e "dilapidação dos recursos naturais".*

*Será que eles não enxergam que, no decorrer de toda a nossa história, só consumimos a metade do espaço e dos recursos disponíveis? Toda a outra metade está virgem e intocada para as gerações seguintes! Além disso, para calar esses pessimistas, quero dar uma excelente notícia em primeiro pseudópodo.*[3]

*Nossa agência espacial enviou algumas sondas para exploração no espaço extragarrafal e descobriu nas vizinhanças seis garrafas idênticas à nossa, completamente desertas e cheias de líquido nutritivo, para as quais já transferimos alguns corajosos colonos.*

*Portanto, se já consumimos o espaço e a comida de apenas meia garrafa em toda a existência de nossa nação, as gerações futuras vão dispor de muitas e muitas eras antes de começarem a se preocupar, dando ouvidos a esses chatos dos ambientalistas.*

*Se algum dia nossa garrafa ficar cheia, transferiremos num instante as duas metades da população em duas garrafas virgens.*

---

3   Se fosse um político humano, seria em primeira mão.

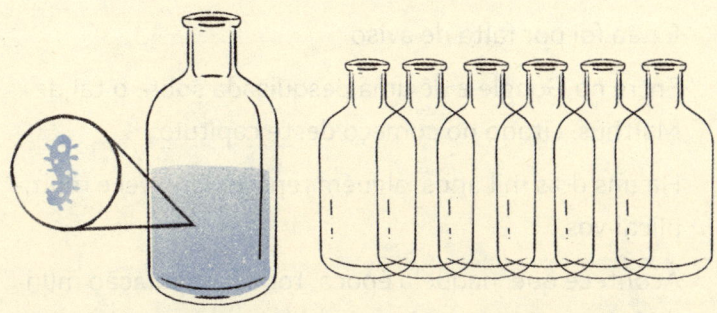

E, sob aplausos entusiásticos, nosso personagem desce do palanque, sorrindo e acenando para a multidão, e...

... três minutos depois, todos os micróbios de todas as garrafas começam a morrer de fome!

Bonita história, você dirá. Mas o que isso tem a ver **comigo**?

Pois é, meu caro e jovem leitor, você já deve ter ouvido algum professor de história dizendo que devemos estudar o passado para não cometermos os mesmos erros no presente.

Acontece que há um erro que jamais foi cometido no passado e que, pela primeira vez na história da humanidade, está sendo cometido agora.

E não foi por falta de aviso.

Entre no Google e dê uma pesquisada sobre o tal de Malthus, citado no começo deste capítulo.

Há uns dois mil anos, alguém repetiu: Crescei e multiplicai-vos.

Acontece que, naquela época, toda a população mundial girava em torno de cem milhões de seres humanos.

Apenas cem milhões!

Tente, por favor, imaginar: todos os nativos americanos, todos os africanos, europeus, asiáticos, aborígenes australianos, polinésios etc. somados perfaziam quase a metade da população do Brasil (que, com certeza, não podemos dizer que esteja "abarrotado").

Se, para cada ser humano daquela época, houvesse uns dez nos dias de hoje, **supondo uma distribuição de renda racional**... viveríamos todos com conforto, com eletricidade, água encanada, moradia, lazer, trabalho e alimentação. Não haveria fome, miséria, doença e guerras.

Pois é, meu caro e jovem leitor:

## BEM-VINDO À
## EXPLOSÃO DEMOGRÁFICA!

O planeta Terra (nossa garrafa que já está quase totalmente cheia!) está se degradando aceleradamente: poluição nos mares, buraco na camada de ozônio, guerras e terrorismo, aquecimento global devido ao efeito estufa, fome, epidemias e miséria generalizada (apenas 4% da humanidade vive em razoável situação de conforto).

E as coisas vão piorar! Duvida? Então ouça, a partir deste alerta, os discursos dos políticos: todos eles falam em "crescimento"!

Agora entre no Google e digite: *Lemingue*.

Leia o que vier e medite um pouco.

Depois de meditar, entre no site da WWF...

... e leia alguns relatórios muito esclarecedores!

## O BEM MAIS ESCASSO

Todas as escolas, numa falta de originalidade até benéfica, propõem trabalhos sobre o que é considerado o recurso mais escasso do século 21: água potável. Na realidade, há tanta água potável no século 21 quanto havia no 20. O que há é excesso de consumo!

O bem verdadeiramente mais escasso do século 21 não é a água...

... É A INTELIGÊNCIA!

A humanidade está sendo imbecilizada cada vez mais.

Os jornalistas que insistem em publicar "pesquisas" querendo mostrar que as crianças e os jovens de hoje são mais inteligentes que os do passado apenas demonstram que o processo de degradação intelectual está avançando rapidamente.

Meu caro e jovem leitor, este livro não é a respeito de perfumarias como "busca da felicidade", "cidadania responsável" ou "realização profissional".

Este livro não é um dos clássicos manuais de "autoajuda", tão na moda atualmente. Este livro é um manual de...

### ... SOBREVIVÊNCIA!

Se você ler este livro até o fim, tentando entender e utilizar os conceitos que nele são apresentados, talvez não encontre o caminho correto para sua vida profissional, porém uma coisa eu garanto: vai se tornar, com o passar dos anos, cada vez mais...

### ... INTELIGENTE!

Você vai entrar num mercado de trabalho em que há cada vez mais gente e cada vez menos necessidade de mão de obra não qualificada.

No momento em que escrevo estas linhas, de cada três desempregados no Brasil apenas um é "desempregado" de verdade, ou seja, alguém que tinha um emprego e o perdeu. Os outros dois são jovens, com diploma universitário, que ainda não conseguiram nenhum trabalho. Atualmente um chip (transponder), colado no para-brisa do automóvel, por exemplo, e que funciona 24 horas por dia e 365,25 dias por ano, tira o emprego de quatro jovens que poderiam se revezar numa cabine (hoje vazia) para dar o troco no pedágio.

**Imagine quantos bancários perderam o emprego devido ao aparecimento dos caixas eletrônicos.**

Neste mundo maluco que sua geração vai receber como herança, meu caro e jovem leitor, somente vão sobreviver, com um mínimo de qualidade de vida, os que conseguirem penetrar no mercado de trabalho.

E o mercado de trabalho não quer mais diplomas e títulos. O mercado de trabalho quer inteligência, cultura, criatividade.

O título deste capítulo é "Por que estudar?".

Pois é, se for para estudar como todo mundo estuda, a resposta para a pergunta do título é: Para nada!

Insisto: Por que estudar?... Para nada!

Eu sei que você está se perguntando: **Como é estudar como todo mundo estuda?**

Fácil: estudar para as provas para tirar boas notas e passar de ano. Passar de ano e ter um diploma.

Mas ao descobrir que o diploma não é suficiente para arrumar um bom emprego... é preciso mais diplomas! E, se possível, também seguir a "onda" da moda fazendo o chamado MBA.[4]

E, no fim disso tudo, descobrir que, com certeza, não vai conseguir um bom emprego.

Mas... por quê?

Porque você usou todo o seu tempo e toda a sua energia na direção errada.

Portanto, se alguém lhe der, caro e jovem leitor, o clássico conselho "Estude mais para vencer na vida"... não dê ouvidos!

Isso é a maior furada!

Estudo não é questão de **quantidade**: é questão de **qualidade!**

Portanto, o conselho correto não é estude mais, mas sim estude melhor! Estudando melhor, você vai se tornar cada vez mais inteligente, mais criativo, mais culto. As boas notas e os diplomas serão uma consequência, e não uma finalidade.

Com isso, em vez de ser um "enviador" de centenas de currículos, em vez de bater inutilmente na porta das empresas com seu suado "em-bi-ei" embaixo do braço, o mercado de trabalho é que vai correr atrás de você.

---

4   Pronuncia-se "em-bi-ei", fica mais chique!

Por quê?

Porque você tem uma coisa preciosa e rara: você tem INTELIGÊNCIA. Mas como, então, desenvolver minha inteligência? Como estudar melhor?

Simples: comece a ler o próximo capítulo e aprenda a usar o melhor computador do mundo: SEU CÉREBRO!

# QUANDO ESTUDAR?

*The roots of
education are bitter,
but the fruit is sweet.*[5]

**Aristóteles**
(384-322 a.C.)

### RAM & HD DO COMPUTADOR

No Brasil, acontece um fenômeno estranhíssimo: o aluno estuda como um louco para tirar boas notas e terminar, no terceiro ano do Ensino Médio, o ciclo básico.

Assim, com um bom histórico escolar nas mãos, presta um concurso vestibular em uma universidade pública e fracassa de forma vergonhosa!

Nesse momento, ele faz uma escolha: ou se contenta em ingressar numa faculdade particular – muitas das quais são verdadeiros estelionatos educacionais – ou se

---

5   As raízes da educação são amargas, mas seu fruto é doce.

matrícula num cursinho para tentar novamente entrar em alguma universidade pública.

Depois de um, dois, três ou até quatro anos de cursinho, acaba sendo admitido na tão almejada escola.

Novamente se mata de estudar durante os quatro ou até seis anos de estudos superiores e obtém um diploma associado a um bom histórico escolar. Então, todo feliz, ele vai prestar um exame de ingresso em alguma carreira. Pode ser o exame da Ordem dos Advogados do Brasil (OAB) para obter sua carteira de advogado, pode ser o exame para alcançar uma vaga de residente médico ou, talvez, um concurso para iniciar carreira na magistratura ou em algum cargo técnico no serviço público.

Pode ser, ainda, um teste para entrar em uma grande empresa na qual poderá conseguir um excelente emprego.

E... mais uma vez, fracassa vergonhosamente!

Nesse momento, começa a perceber, tarde demais, algo que você poderá perceber agora, sem precisar passar por tantos sofrimentos e decepções.

Ele finalmente percebe que estudou muito, mas muito mesmo...

### ... E SEMPRE NA HORA ERRADA!

Mas essa ainda não é a pior parte: além de descobrir que sempre estudou no momento errado, descobre que isso ocorreu porque foi induzido a cometer esse erro pela família e pelas escolas que frequentou – ou seja, ele é muito mais uma vítima do que o culpado pelos fracassos.

Como começou essa tragédia?

Tente lembrar: até o 5º ou 6º ano (antigas 4ª e 5ª série) você ainda era um ser humano! Em seguida, foi transformado num robozinho pela frase pronunciada por algum adulto: **Filhinho(a), agora é pra valer! Agora você vai ter de ir bem nas provas, tirar boas notas e passar de ano.**

E você, como bom filhinho (ou boa filhinha), se esforçou para "ir bem nas provas, tirar boas notas e passar de ano".

E a família ficou feliz? Claro! Veja que filhinho(a) maravilhoso(a) eu tenho! Consegue "ir bem nas provas, tirar boas notas e passar de ano"!

E a escola ficou feliz? Nossa! Veja que aluno(a) maravilhoso(a) eu tenho! Consegue "ir bem nas provas, tirar boas notas e passar de ano"!

Depois, incentivada por todo esse entusiasmo, a pobre vítima continua se esforçando para ir bem nas provas, tirar boas notas e passar de ano!

Faz isso do 5º para o 6º, do 6º para o 7º e assim por diante até chegar ao 3º médio...

... e, nesse momento, bate de frente com um paredão de concreto chamado "vestibular" e, se tiver sorte, vai perceber que durante pelo menos sete anos de sua vida estudou para ir bem nas provas, tirar boas notas e passar de ano, e nunca, nunca...

**... NUNCA ESTUDOU PARA APRENDER!**

**Mas como?**, você perguntará. **Se alguém tirou boas notas, isso não significa que ele aprendeu?**

Claro que não! Isso significa que ele se tornou, incentivado geralmente pela família e pela escola, um especialista em tirar nota boa! O pior de tudo é que essa especialização, muitas vezes, é obtida com o recurso da chamada "cola". Mas, se a escola for séria, a cola não dura muito. Nas escolas sérias, o aluno que cola pela primeira vez também estará colando pela última.

Portanto, excluído o recurso da cola, sobra uma pergunta: como conseguir tirar uma boa nota sem aprender?

A resposta é simples:

### ESTUDANDO EM CIMA DA HORA!

Todo mundo estuda o mais em cima da hora possível. Alunos mais previdentes estudam no dia anterior. A maioria, no mesmo dia. Muitos... minutos antes!

Mas por que estudar o mais em cima da hora possível? Mais uma vez, a resposta é simples:

### PARA NÃO DAR TEMPO DE ESQUECER!

O esquema, portanto, consiste em estudar em cima da hora, colocar as informações no cérebro de forma absurdamente instável, fazer a prova e, logo em seguida, esquecer tudo!

Chegar em casa com uma boa nota e completar essa farsa, essa verdadeira palhaçada, deixando a família feliz.

Mas qual será o motivo desse estranho comportamento?

Para entender melhor, vamos imaginar um computador em que esteja rodando um editor de texto como aquele, no qual minha mulher pacientemente digitou tudo o que escrevi à mão.[6]

Ao teclar, por exemplo, a letra E, maiúscula, o teclado envia um código (no exemplo, o código 69 ou, em binário, 1000101) para uma memória de rascunho, chamada memória RAM (Random Access Memory, ou Memória de Acesso Não Sequencial).

Essa memória é muito pequena e muito provisória. Se faltar energia de repente, todo o seu conteúdo será perdido!

---

6 E não venha com sorrisinho de superioridade pensando: "Coitado desse senhor, ele é tão idoso que não sabe escrever num computador". Saiba que eu já estava programando computadores analógicos em 1961 e computadores digitais em 1967, provavelmente antes de seus pais nascerem. Já escrevi mais de uma dúzia de livros de computação e lecionei durante muitos anos "Técnicas Avançadas de Processamento de Dados". Aliás, graças a esse meu profundo conhecimento de computação é que descobri que ESCREVER e DIGITAR são coisas completamente diferentes. Se quiser escrever de forma mais lúcida, use caneta!

Justamente para evitar tragédias desse tipo é que existe o chamado no-break (sem parada) que, alimentado por uma bateria interna, mantém o fornecimento de energia até que tenha tempo de salvar.

SALVAR?

Pois é, "salvar" significa acionar uma rotina que copia o conteúdo da RAM para o HD (Hard Disk, ou Disco Rígido), uma memória magnética[7] e, portanto, permanente.

Se o computador for desligado, o conteúdo da RAM se perde, enquanto o do HD é mantido para uso posterior.

Além disso, a capacidade do HD é enorme, ou seja, centenas ou até milhares de vezes maior que a da RAM.

---

7   Não por muito tempo! Já estão fazendo HD em ESTADO SÓLIDO!

## RAM & HD DE SEU CÉREBRO

Como você já deve ter notado, enquanto todo mundo sabe "salvar" no mundo digital, quase ninguém sabe "salvar" no cérebro!

O que torna o sistema educacional brasileiro tão catastrófico é o fato de a maioria das escolas ser ineficientemente burocratizada: elas não se preocupam em ensinar os alunos a realmente **aprender**, ou seja, a armazenar o conhecimento de forma permanente.

Para essas "escolas", basta que a pequena vítima retenha as informações tempo suficiente para tirar uma boa nota, de maneira a deixar os clientes (família) felizes. São escolas onde alguns alunos, no fim do ano, não assistem mais às aulas porque já "fecharam"!

Para evitar cair nessa armadilha, tenha consciência de que, em seu cérebro, você tem os equivalentes a uma memória RAM e a um HD. Se pudéssemos fazer a radiografia mental da cabeça de um aluno, veríamos, basicamente, duas estruturas.

No miolo temos o chamado sistema límbico, cheio de estruturas complexas (tálamo, hipotálamo, amígdala etc.), nas quais se destaca uma, denominada hipocampo, muito importante para a memória a CURTO PRAZO. Envolvendo esse miolo, como se fosse a casca de uma árvore (em latim, *cortex*), temos a parte mais "nobre" do cérebro, fundamental na memória a LONGO PRAZO.

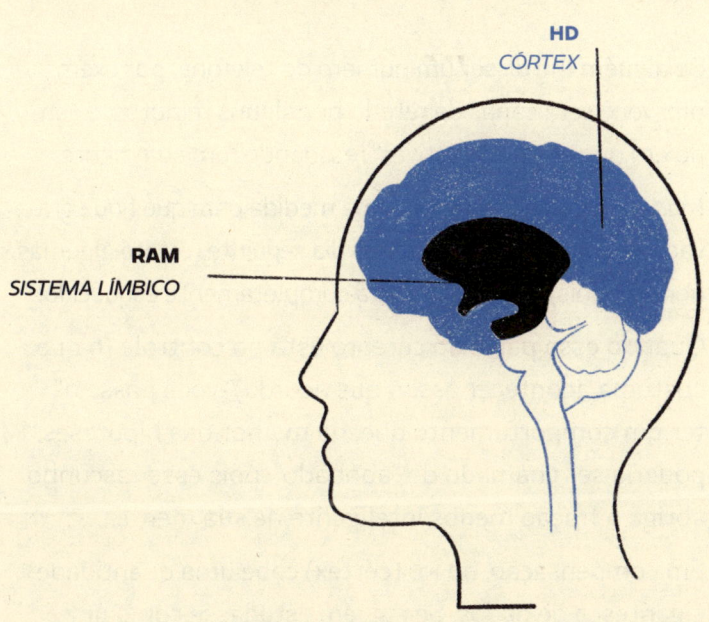

Como você já deve ter percebido, o sistema límbico faz um pouco o papel da memória RAM digital, enquanto o córtex, entre outras funções, seria o equivalente a um HD.

"Escrever" nessa RAM é muito fácil...
... mas "apagar" é mais fácil ainda!

Você tem, nessa estrutura, um **rascunho** relativamente pequeno (no qual cabem apenas algumas horas de informação).

Ela é muito, mas muito **provisória**. (As informações dificilmente sobrevivem a uma noite de sono!)

Se alguém lhe disser um número de telefone, por exemplo, você será capaz de retê-lo por alguns minutos, o tempo em que ele ainda estiver "ressoando" em sua mente.

Mas, se você não tomar alguma medida para que fique gravado de forma permanente, no dia seguinte (ou até algumas horas depois) o número estará completamente esquecido!

Quando essa parte do cérebro está no controle (o que costuma acontecer assim que acorda), você passa a ter um comportamento que, na melhor das hipóteses, poderia ser chamado de "abobado", pois esse rascunho abriga a fração menos inteligente de sua mente.

Em compensação, no HD (córtex) cabe uma quantidade gigantesca de dados. Se alguém estudasse como um louco dez horas por dia, todos os dias de sua vida, esgotaria a capacidade de processamento e armazenamento de seu córtex em, aproximadamente, quatro séculos!

Para poder aproveitar todo esse potencial, porém, você deve ser capaz de escrever em seu córtex, tarefa nem sempre fácil.

Isso ocorre porque, no HD do cérebro, as informações são retidas de forma bem diferente da de um computador.

Enquanto no computador a estrutura física (circuitos elétricos) fica inalterada e as informações modificam apenas a estrutura lógica, no cérebro humano uma informação apenas será retida de maneira permanente se as ligações entre os neurônios forem alteradas.

Um neurônio, a célula nervosa característica do cérebro, tem uma estrutura peculiar: do corpo da célula nascem

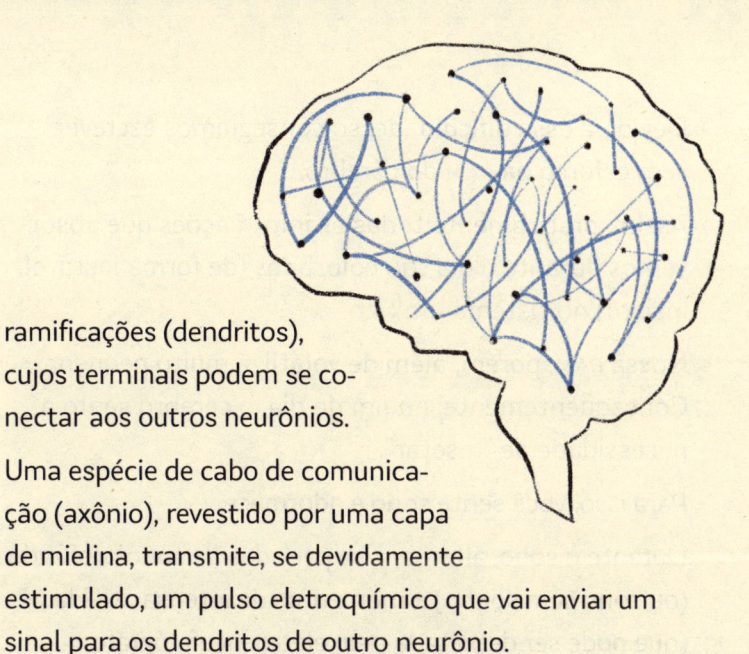

ramificações (dendritos),
cujos terminais podem se co-
nectar aos outros neurônios.

Uma espécie de cabo de comunicação (axônio), revestido por uma capa
de mielina, transmite, se devidamente
estimulado, um pulso eletroquímico que vai enviar um
sinal para os dendritos de outro neurônio.

Um conjunto de centenas ou até milhares de neurônios
forma uma rede neural.

Uma informação, portanto, é transformada em conhecimento somente se as redes neurais do córtex forem
reconfiguradas. Sinapses devem ser desfeitas; outras,
ativadas; dendritos morrem ou nascem; e caminhos
são refeitos. Portanto, a estrutura física do cérebro
deve ser **alterada**!

Em "informatiquês", diríamos que a informação, no
computador, está no software, enquanto no cérebro
humano ela está no próprio hardware.

**Escrever no córtex, portanto, implica tantas
mudanças físicas que é como se tentássemos
trocar um pneu furado com o carro em
movimento!**

Devido a essa dificuldade, só conseguimos escrever sem esforço na RAM do cérebro.

Assim, praticamente todas as informações que absorvemos durante o dia são colocadas (de forma instável, insisto) no sistema **límbico**.

Nossa RAM, porém, além de volátil, é muito pequena. Consequentemente, no fim do dia, o cérebro sente a necessidade de "resetar".

Para isso, você sente sono e adormece.

Durante o sono, alternam-se períodos de sono profundo (ou sono sem sonho) e momentos de intensa atividade (que pode ser detectada pelo eletroencefalógrafo, instrumento que mede a atividade elétrica do cérebro).

É por isso que você sente sono. Sono não é a consequência de um corpo cansado. O sono é causado pela necessidade de esvaziar a RAM.

É o cérebro pedindo: Por favor, pare o carro que preciso trocar o pneu!

Se colocarmos eletrodos em sua cabeça na hora de ir dormir e gravarmos em papel a atividade elétrica do cérebro, verificaremos uma queda significativa dessa atividade na passagem da vigília (acordado) para o sono profundo.

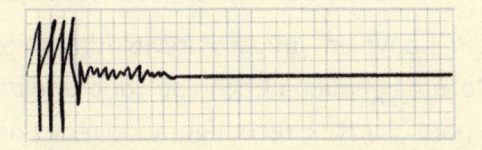

Depois de algum tempo, porém, a atividade elétrica volta a se intensificar, apesar de você ainda estar **dormindo**.

Se você for acordado nessa fase, provavelmente vai se queixar de ter tido um sonho interrompido.

Esse padrão vai se repetir durante toda a noite, alternando **sono profundo** e **sonho**.

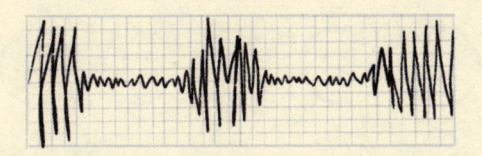

Na analogia do automóvel, o sono profundo seria o "parar o carro", e o sonho é o momento de "trocar o pneu", ou seja, **durante a fase do sonho é que é feita a "manutenção" de seu cérebro**.

E, também durante essa fase, uma boa parte do conteúdo da RAM é simplesmente jogada na lata do **lixo**.

Essas informações nunca mais serão recuperadas.

Se, porém, houve um preparo prévio durante o sono profundo, uma pequena fração do conteúdo da RAM é enviada para o córtex, reconfigurando redes neurais e sendo assim **gravada de forma permanente**.

É nesse momento que ocorre o "salvar"! Mas – você poderia perguntar – o que vai para o lixo e o que vai ser salvo?

Pois é, esse é o grande problema!

A decisão do que vai para onde é tomada com base na carga emocional, associada a cada fragmento de informação, e não à carga racional.

Explicando melhor: se você, ao receber aquela informação durante o dia, o fez de maneira alegre, prazerosa ou até muito triste, trágica, a emoção a ela associada fará com que, durante o sonho noturno, seja gravada de forma permanente.

Entretanto, se a informação foi recebida com indiferença, tédio, de maneira a não abalá-lo(a) nem positiva nem negativamente, com certeza ela será descartada durante a noite.

Você já deve ter notado que algumas das coisas mais tediosas que ocorrem durante o seu dia são justamente suas aulas e, por isso, são as primeiras a irem parar na lata de lixo!

Se seu professor de geografia, por exemplo, der uma matéria importantíssima e, no meio da aula, contar uma piada, o que você vai lembrar da aula depois de algumas semanas? Da piada!

Esse é o motivo pelo qual você é obrigado a estudar toda a matéria o mais em cima da hora possível para ter alguma chance de tirar uma nota razoável. O irônico é que toda aquela matéria já esteve em seu cérebro, e você, ingenuamente, a deixou escapar durante a noite.

No fundo, a rotina da esmagadora maioria dos estudantes brasileiros consiste em...

... assistir à aula de dia... apagar a aula à noite e...

... assistir à aula de dia... apagar a aula à noite e...

... assistir à aula de dia... apagar a aula à noite...!

Dia após dia. De repente... Prova!

Aí, o "esperto" corre para os apontamentos, para os livros, e carrega em sua RAM de forma desordenada e extremamente provisória um amontoado de informações. Para se garantir, prepara uma cola[8] e...

... seja o que Deus quiser!

O pior é que, agindo assim, o "esperto" até consegue nota!

O trágico é que, em seguida, ele esquece tudo!

Contava um antigo cardeal brasileiro, dom Helder Câmara, que, ao passar por um grupo de alunos debruçados sobre cadernos e livros no pátio da PUC de São Paulo, foi interpelado por um deles, que pediu:

– Eminência, por favor, reze por nós para que não nos esqueçamos de nada na hora da prova!

Sorrindo, dom Helder acenou que sim com a cabeça e, em seguida, foi surpreendido pelo pedido de outro estudante:

– ... e reze para que a gente esqueça tudo depois da prova!

Dessa forma, estude apenas e exclusivamente para tirar nota numa prova e tente não abarrotar seu cérebro com informações que, em sua gigantesca ignorância, você considera inúteis!

Depois, não venha se queixar de que não conseguiu emprego, apesar de seu "EM-BI-EI"! Tá bom! Tá bom – já ouço

---

8   Examinando colas preparadas por alunos, verifica-se que muitos nem colas sabem preparar! Não sabem diferenciar o essencial do acessório. Outros, então, chegam ao extremo de "xerocar" a cola de um colega!

você exclamar –, você me convenceu! Como faço, então, para não jogar as aulas de hoje na lata do lixo?

Simples!

## ESTUDE POUCO!

– Você está louco? – já ouço você gritar. – Estudar pouco? Mas meu pai, minha mãe e meus professores dizem o tempo todo que devo estudar mais!

Exatamente! Estudo não é questão de quantidade, mas de qualidade. Você não deve estudar mais, deve estudar melhor.

A começar pelo título deste capítulo.

Quanto?

A resposta é: **pouco... mas todo dia!**

Assim, as aulas do dia devem ser estudadas no mesmo dia, antes que se passe uma noite de sono!

Durante anos vi alunos fracassarem nos estudos (e na vida profissional) e vi alunos terem sucesso tanto durante sua fase de estudante quanto depois, no ambiente de trabalho.

Qual a diferença? Ao contrário do que pensa a maioria das pessoas, os que têm sucesso não são, necessariamente, os mais inteligentes. Aliás, é bom adiantar que essa história de que existem pessoas com maior ou menor grau de inteligência é besteira! O que há, na realidade, são pessoas que aprendem a usar o cérebro e outras que o utilizam mal. Mas – você perguntará – o que diferencia o vencedor do fracassado?

A resposta é complexa, pois são vários os fatores, mas, se nos limitarmos apenas à fase dos estudos, poderíamos imaginar o seguinte:

Existe o momento da aula...

... e o momento do exame.
O vencedor é o que estuda imediatamente depois da aula.

O vencedor é o que estuda pouco, pois é apenas o conteúdo de uma manhã (ou uma tarde) de aula que o seu cérebro deve absorver.

Ao estudar antes da fase do sono, ele está avisando o cérebro de que aquele assunto foi alvo de atenção; consequentemente, não deverá ser jogado na lata de lixo na hora de limpar o sistema límbico.

O fracassado, por sua vez, é o que estuda o mais perto possível do exame.

O lema do vencedor é:

AULA DADA, AULA ESTUDADA... HOJE!

Se você assistir à aula pela manhã, deverá estudar à tarde. (E não em outro dia!)

Se você assistir à aula à tarde, deverá estudar à noite. (E não na manhã seguinte!)

Se você assistir à aula à noite, deverá ir dormir uns quarenta minutos mais tarde; mas, em qualquer caso, não durma antes de estudar as aulas daquele dia.

Se você estiver estudando em uma escola ou faculdade com o mínimo de seriedade, nenhuma aula será dada sem que os alunos recebam uma orientação do que estudar para poder fixar o essencial da aula. Essa "tarefa" não é uma forma de sadismo para estragar suas horas de folga. É, ao contrário, uma parte tão essencial do processo que eu ousaria dizer que é tão ou até mais importante que a própria aula!

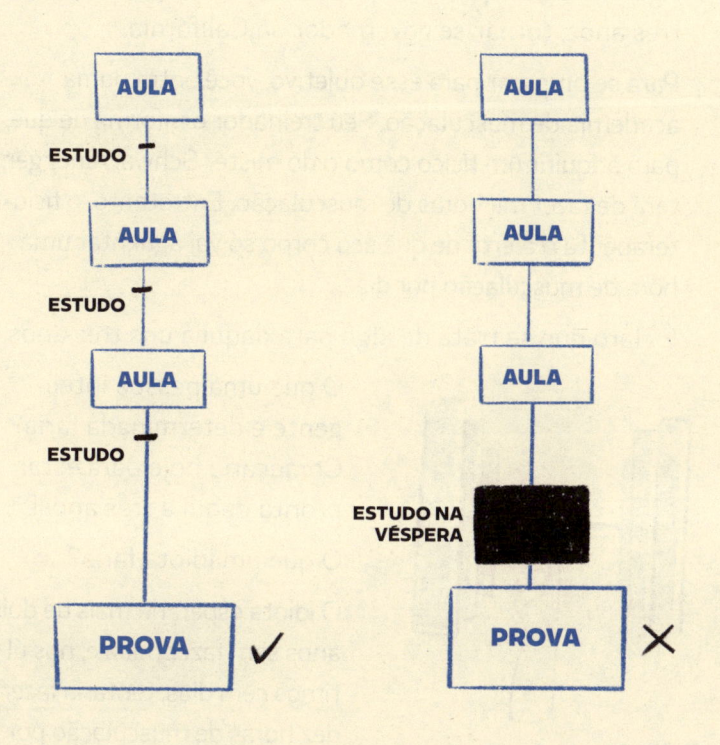

```
    AULA                         AULA
     |                             |
   ESTUDO                          |
     |                             |
    AULA                         AULA
     |                             |
   ESTUDO                          |
     |                             |
    AULA                         AULA
     |                             |
   ESTUDO                     ESTUDO NA
     |                          VÉSPERA
     |                             |
    PROVA  ✓                    PROVA  ✗
```

aluno **inteligente** estuda o mais perto possível da **AULA**

aluno **desorientado** estuda o mais perto possível da **PROVA**

Se você criar esse hábito (estudar pouco, mas TODO DIA), vai verificar, em pouco tempo, que o que estudou não fica retido apenas tempo o bastante para, mal e porcamente,[9] descarregar num papel na hora da prova.

Você vai perceber que as informações e as habilidades que adquiriu estudando nesse ritmo vão ficar em sua mente **PARA O RESTO DA VIDA**!

Agora imagine, por exemplo, que você queira, daqui a três anos, tornar-se governador da Califórnia.

Para se preparar para esse objetivo, você entra numa academia de musculação. Seu treinador o informa de que, para adquirir um físico como o do mister Schwarzenegger, terá de fazer mil horas de musculação. Entretanto, o fisioterapeuta o alerta de que seu corpo só vai aguentar uma hora de musculação por dia.

É claro que se trata de algo para daqui a uns três anos.

O que uma pessoa inteligente e determinada faria? Começaria hoje para estar pronta daqui a três anos!

O que um idiota faria?

O idiota esperaria mais de dois anos sem fazer nada e, nos últimos cem dias, tentaria fazer dez horas de musculação por dia! Claro que isso acarreta um resultado desastroso.

---

9    Essa expressão, a rigor, é "mal e parcamente", ou seja, mal e de forma insuficiente. Agradeço aos leitores das edições anteriores, que me alertaram, mas, na realidade, o porcamente (de "porco", "porcalhão") foi intencional.

Qual a diferença?

Um deles respeitou os limites do próprio corpo e conseguiu o resultado planejado. O outro não quis nem saber de seus limites, apesar dos alertas.

Pois é, seu cérebro é um instrumento fantástico, capaz de armazenar uma quantidade imensa de informações, capaz de adquirir as habilidades que você desejar, capaz de se tornar cada vez mais inteligente, MAS...

**... UM POUCO DE CADA VEZ!**
**Repito: Aula dada, aula estudada... hoje!**

HOJE, ou seja, antes que se passe uma noite de sono, ou antes que se passe um longo período de sono.

Quero deixar isso bem claro, pois, se você é uma daquelas pessoas que assiste à aula pela manhã, almoça e dá um cochilo de quinze ou vinte minutos, não tenho nada contra!

Agora, se você for uma daquelas pessoas que têm o péssimo hábito de dormir uma, duas ou até mais horas à tarde... esqueça o estudo depois! As aulas já foram parar no lixo!

Resumindo, então: estudar pouco, mas todo dia! *Todo dia?* – já ouço as lamúrias e os gritos de protesto.

Calma, a rigor não é todo dia. Existe um dia no qual você nunca deve estudar! Quando? No sábado? No domingo?...

Não!

**NA VÉSPERA DA PROVA!**

# QUANTO ESTUDAR?

---

*It is possible to store the mind with a million facts and still be entirely uneducated.*[10]

**Aleck Bourne**
(1886-1974)

---

Esta é a parte mais difícil.

Se você entendeu que tem de estudar todo dia, já sabe "quanto" estudar:

Pouco! **Mas quanto é esse pouco?** Dez minutos, uma hora, cinco horas?

A resposta pode parecer estranha, mas é a que realmente funciona:

Quanto?... Você vai descobrir. Ou seja, ao criar o hábito de estudar todo dia, você vai perceber, ao se autoavaliar

---

10  É possível abarrotar a mente com milhões de fatos e, mesmo assim, ser completamente iletrado.

algumas semanas depois, que houve dias em que estudou demais ("choveu no molhado") e outros nos quais estudou de menos.

Em poucos dias ou, no máximo, em poucas semanas, você vai encontrar o ritmo correto.

Com certeza, porém, será pouco estudo quando comparado com aquelas "rachações" de véspera de prova que alguns costumam fazer.

No fundo, você deve se perguntar, ao encerrar um período de estudo: **Daqui a alguns anos, quando meu filho tiver uma dúvida nessa matéria, vou poder ajudá-lo ou vou passar vergonha?**

Porque, lembre-se, aprender é reter para sempre, e não para daqui a pouco.

É claro que, se num momento de insegurança você pegar nos livros na véspera da prova, sentirá a enorme diferença entre "rachar" e "revisar".

Agora, dois cuidados importantes devem ser tomados.

## AS ARMADILHAS

Em primeiro lugar, lembre-se de que todos nós temos a tendência de nos dedicar mais àquilo de que mais gostamos e em que nos sentimos cada vez mais seguros.

No entanto, temos tendência a deixar de lado justamente aquilo em que temos mais dificuldade.

Consequentemente, se não tomarmos cuidado, teremos a tendência de nos tornarmos cada vez melhores naquilo em que **já somos bons** e cada vez piores naquilo em que já temos deficiências.

O dia em que você ouvir frases do tipo: Eu não preciso saber matemática: eu sou da área de humanas!

Ou então: Odeio ler literatura, mas não me preocupo com isso, e nem preciso disso, afinal sou de exatas!

Saiba que você está lidando com pobres coitados que caíram nessa armadilha.

## QUANTOS ROUNDS?

Em segundo lugar, é bom saber que as células do cérebro encarregadas de formar os circuitos que permitem reter conhecimento são os **neurônios**.

Um neurônio, no fundo, é um fantástico dispositivo eletroquímico que funciona como uma chave que permite, dependendo de determinadas condições, a passagem de um pulso elétrico para outros neurônios, abrindo ou fechando circuitos.

Ele recebe informações através dos dendritos e, de acordo com a intensidade com a qual elas chegam, dispara um pulso elétrico, através do axônio, para ativar os dendritos de outro neurônio por meio de ligações denominadas sinapses.

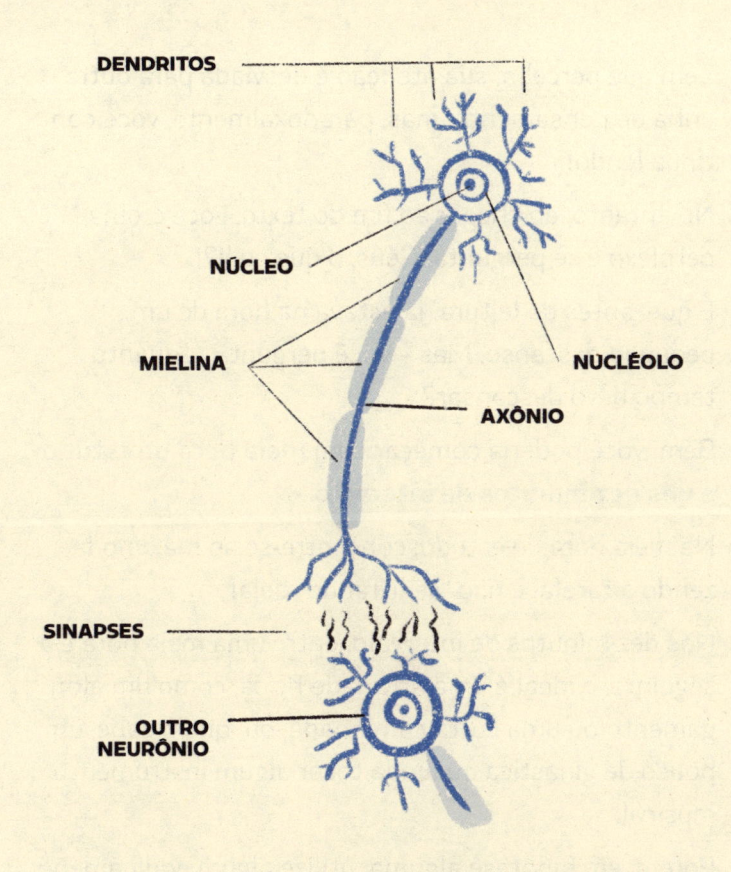

**DENDRITOS**
**NÚCLEO**
**MIELINA**
**NUCLÉOLO**
**AXÔNIO**
**SINAPSES**
**OUTRO NEURÔNIO**

No neurônio há algumas substâncias químicas essenciais a seu funcionamento que, em caso de utilização intensa, podem se esgotar em trinta ou quarenta minutos.

Para que possa continuar desempenhando seu papel no cérebro, é necessário que tenha tempo para se recompor, ou seja, reabastecendo-se daquelas substâncias cuja falta o haviam tornado ineficiente.

Essa ineficiência pode ser percebida por um fenômeno muito frequente: você já está estudando há um bom tempinho e, de repente, começa a ler um texto qualquer.

Sem que perceba, sua atenção é desviada para outra linha de pensamento, mas, paradoxalmente, você continua lendo!

No entanto, ao chegar ao fim do texto, você o olha perplexo e se pergunta: Céus, o que eu li?!

É que, antes da leitura, já estava na hora de um pequeno descanso. Mas – você pergunta –, quanto tempo devo descansar?

Bem, você poderia começar com **meia hora de estudo e uns dez minutos de intervalo**.

Na meia hora de estudo, concentre-se ao máximo fazendo a tarefa, e não "se livrando" dela!

Nos dez minutos de intervalo, entre uma meia hora e a seguinte, o ideal é uma atividade física, como um alongamento ou uma curta caminhada, ou, quem sabe, um pouco de ginástica ou ainda tocar algum instrumento musical.

Porém, em hipótese alguma, utilize algum equipamento que tenha tela!

Sim, sim, estou falando em televisão, videogame, computador e smartphone.

Nunca, nunca deixe essas três coisas interferirem em seus estudos. Mas – já o ouço perguntar – e se eu precisar usar o computador para uma pesquisa na internet?

Quanto a isso, nós vamos ter uma conversa muito séria num capítulo mais adiante!

O ritmo correto, portanto, será:

Meia hora de estudo...
Dez minutos de intervalo...
Meia hora de estudo...
Dez minutos de intervalo...
... e assim por diante.

Com o correr do tempo, após criar esse hábito, você poderá fazer alguns ajustes.

Como cada pessoa tem um **ritmo próprio**, talvez essa meia hora possa ser esticada para quarenta ou até cinquenta minutos. (Mas não passe disso!) O intervalo ainda pode ser ampliado para uns quinze ou vinte minutos. (Mas, insisto, não passe disso!)

Tenha consciência de que essa é a parte realmente importante de sua vida escolar.

No Brasil, infelizmente, criou-se uma cultura estranha que enfoca a aprendizagem na sala de aula.

Isso é um equívoco.

## NA AULA VOCÊ NÃO APRENDE...
## NA AULA VOCÊ ENTENDE!

Você só conseguirá aprender de verdade quando estiver sozinho!

Existe um velho ditado chinês que diz:

"Quando vir um homem com fome, não lhe dê um peixe... ensine-o a pescar!"

E é justamente nos momentos de isolamento, estudando sozinho, sem nenhum professor por perto que possa lhe dar um peixe... que você aprende a pescar!

Por incrível que possa parecer, é mais importante o tempo que você passa estudando sozinho do que aquele que passa assistindo às aulas!

# COMO ESTUDAR?

*Training is everything.
The peach was once a bitter almond; cauliflower is nothing but cabbage with a college education.*[11]

**Mark Twain**
(1835-1910)

Ao longo de minha carreira como professor, já me defrontei com muitos alunos que, mesmo tendo o hábito salutar de estudar diariamente, apresentavam grandes dificuldades para reter a matéria.

Por quê?

A razão é simples: eles sabiam quando e quanto estudar, mas não sabiam como!

---

11   Treinamento é tudo. O pêssego já foi uma amêndoa amarga; a couve-flor nada mais é do que um repolho com nível universitário.

Vamos descobrir, agora, "como" estudar.[12]

Neste capítulo, vamos discutir o estudo **pós-aula**.

Como já vimos, ele deve ocorrer entre a aula e o sono noturno.

## AS DISTRAÇÕES

Você deve estar em um local sossegado, confortável e que permite concentração.

Por isso... nada de TV e rádio! Mas não posso estudar ouvindo música?

Pode, mas vamos entender algo muito importante com relação ao funcionamento de seu cérebro: a transmissão de um pulso elétrico, de um neurônio para o outro, é absurdamente mais vagarosa do que na fiação de um computador.

Consequentemente, para superar essa "lerdeza", nosso cérebro usa um truque que, em informática, é chamado de "processamento paralelo".

Isso significa que várias partes do cérebro conseguem realizar tarefas diferentes e ao mesmo tempo. Um ser humano consegue guiar um automóvel mascando chiclete, ouvindo música no rádio e ainda conversando com o passageiro.

---

[12] Antes de mais nada, é importante fazer uma distinção: assistir à aula é uma coisa, estudar é outra.

Analisando com detalhes o cérebro de um ser humano não canhoto,[13] vemos que cada uma das metades (denominadas "hemisférios cerebrais") se especializou em realizar tarefas específicas.

Imagine um crânio visto de cima: no hemisfério esquerdo, temos os módulos cognitivos Linguístico e o Lógico-matemático; no direito, localizam-se o Musical e o Espacial:

1: Linguístico

2: Lógico-matemático

3: Musical

4: Espacial

Como você já deve ter suspeitado, ao estudar as matérias da escola você utiliza mais os módulos 1, 2 e 4.

---

13   Em alguns canhotos, a distribuição das funções pode ser um pouco diferente.

Portanto, se estudar ouvindo música instrumental (sem que alguém cante num idioma que você conheça), não apenas o módulo 3 não vai interferir com os outros, como até ajudará a abafar outros ruídos do meio ambiente que poderiam atrapalhar sua concentração. Mas... e se eu quiser ouvir uma banda de rock que tenha um vocalista?

Que seja rock húngaro, pois, se o vocalista cantar num idioma compreensível (húngaro é absolutamente incompreensível, a não ser para os próprios húngaros... e mesmo assim com ressalvas!), a letra da música vai interferir no módulo 1, distraindo sua atenção daquilo que você possa estar lendo ou escrevendo. Bem, até agora vi o que não é para fazer.

Mas, então, **o que devo fazer**?

## O VELHO DITADO CHINÊS

Para saber o que fazer, basta lembrar outro antigo provérbio chinês:

Todo segredo está aí! Para estudar, é indispensável estudar fazendo.

Não adianta nada ficar olhando para um livro aberto de forma passiva ou, quando muito, marcando com uma canetinha "amarela fosforescente" os trechos de um texto que você tenha achado interessantes.

**Se eu ouço... esqueço!**

**Se eu vejo... entendo!**

**Se eu faço... APRENDO!**

Nunca estude sem ter um lápis em atividade sobre um pedaço de papel.

Se o objeto de estudo for um texto de história, por exemplo, não se limite a lê-lo ou, pior, a tentar decorá-lo.

Ao contrário, descubra quais os conceitos e fatos mais importantes (aqueles que você marcaria com a canetinha amarela) e escreva-os numa folha de papel.

O próprio ato de escrever permite maior fixação posterior durante a noite.

A rigor, o papel pode ser jogado no lixo em seguida, pois o que importa não é o que está gravado nele, mas o que foi gravado em sua mente. Se não quiser ser ecologicamente incorreto, pode substituir lápis e papel por giz e uma pequena lousa.

Importa o ato de escrever e não o que está escrito. Se estiver estudando na praia, escreva na areia.

A maré, ao subir, apagará o que está na areia, mas não o que você gravou no cérebro no ato de escrever.

Agora, um cuidado! Como já vimos:

## DIGITAR NÃO É ESCREVER![14]

Não adianta nada fazer resuminhos no editor de texto! Eles ficarão gravados no HD do computador, e não no seu HD!

Você já se perguntou qual a matéria mais fácil de **aprender**?

Pense um pouco...

... isso mesmo: **matemática**!

Se você não concorda com isso releia, por favor, a pergunta.

Não perguntei qual a matéria mais fácil de entender.

Aliás, em certos assuntos, matemática é até bem difícil de ser entendida.

Mas, uma vez entendida, se torna fácil de ser aprendida!

Estudar matemática é **fazer, fazer e fazer**!

---

14  Escrever em letra cursiva permite gravar até melhor do que em letra de forma. Só há um tipo de escrita ainda melhor, mas essa fica para os orientais: o Kanji (漢字).

Por outro lado, há pessoas que acham que o estudo de história é simples porque, durante as aulas, entendem tudo. Depois se queixam de que não conseguem guardar o que aprenderam.

Na realidade, não aprenderam, só entenderam.

Para realmente aprender história, não basta assistir à aula e depois ler um capítulo do livro. É necessário ter lápis e papel e escrever as palavras-chave, os trechos mais significativos.

Não há necessidade de fazer um resumo completo, mas é importante escrever, de forma até esquemática, os pontos mais importantes.

## O AUTODIDATA

Mas vamos agora recordar por um instante o velho ditado:

Se eu ouço... esqueço!

Se eu vejo... entendo!

Se eu faço... APRENDO!

Agora, pense um pouco no que você faz (ou deveria fazer) nas horas de aula e nas horas de estudo.

Note que, durante as aulas, normalmente você ouve e vê e pouco faz. Isso significa que, durante a aula, se muito, você entende.

Depois, no momento do estudo, é que você tem a chance de **fazer**.

Fazer por ocasião da resolução de problemas, fazer enquanto estiver elaborando o resumo de um texto, fazer ao escrever e desenhar.

Por isso, é no momento do estudo que você aprende, ou seja, prepara as condições para que suas redes neurais, naquela mesma noite, se reconfigurem alterando fisicamente a estrutura de seu cérebro.

Suponho que nesse momento você tenha percebido qual é o verdadeiro papel de um professor.

O bom professor não dá aula para fazer o aluno aprender. Ele dá aula para fazer o aluno entender a matéria e, principalmente, para fazê-lo gostar do que está sendo apresentado.

Na realidade, o único professor capaz de fazer um aluno aprender... é o próprio aluno!

Lembre-se: ninguém aprende coisa alguma se não for autodidata, ou seja, professor de si mesmo.

Quando, em conversa com mães de alunos, ouço frases do tipo:

– Minha filha estuda de manhã e vai à escola aprender.

Eu costumo corrigir, dizendo:

– A senhora acaba de cometer dois equívocos: sua filha não estuda de manhã. Ela assiste às aulas pela manhã! Além disso, ela não frequenta as aulas para aprender! Ela as assiste para entender.

No outro período é que a senhora poderia dizer:

– Minha filha estuda à tarde e vai para casa aprender.

Repito: para aprender de verdade, só sendo autodidata!

Se você conseguir **se transformar em autodidata, nunca mais vai ter dificuldade em qualquer assunto**.

Qualquer assunto, hein? E matemática? Que não me entra na cabeça de jeito nenhum?!

Ora, se matemática não entra na sua cabeça é porque você a estudou de forma errada até hoje.

E a matemática é a matéria que mais sofre com a forma errada como todo mundo estuda. Vamos entender isso.

Digamos, por exemplo, que eu esteja dando um curso de história.

Faça de conta que isso significa construir, na cabeça dos alunos, um condomínio de **casas**.

Se a forma errada de estudar na véspera das provas fizer uma das casas ruir (a do Egito Antigo, por exemplo), nada impede de construir, no terreno ao lado, uma boa Revolução Francesa.

No entanto, em um curso de matemática, também tentamos construir um condomínio. Porém, em matemática, o condomínio é de apartamentos.

Se o sexto andar, da álgebra, por exemplo, não for construído, jamais conseguiremos levar adiante o sétimo, o oitavo etc.

**Em matemática, as pessoas não têm dúvidas... elas têm dívidas!**

Sempre há algum ponto, no passado, em que a construção parou. Quando parou?

Quando você deixou de estudar para aprender e começou a estudar para tirar nota numa prova... o prédio parou!

O pior erro que alguém pode cometer é desistir de aprender o que quer que seja apenas porque encontrou alguma dificuldade. Matemática não consegue entrar em sua cabeça?

Procure ajuda de alguém, principalmente para descobrir em que andar seu "prédio" parou, e retome as coisas a partir desse ponto. Você verá que conceitos que pareciam grandes mistérios se tornam até banais!

Portanto, agora que você entendeu:

1. POR QUE ESTUDAR;

2. QUANDO ESTUDAR;

3. QUANTO ESTUDAR;

4. COMO ESTUDAR;

já está em posse de uma das mais importantes ferramentas para se tornar cada vez mais inteligente.

O quê? Tem mais? Só isso não é suficiente?

Claro que não! Vamos, na próxima parte deste livro, avançar um pouco mais, vendo outras ferramentas.

# PARTE 2
ACELERANDO OS NEURÔNIOS

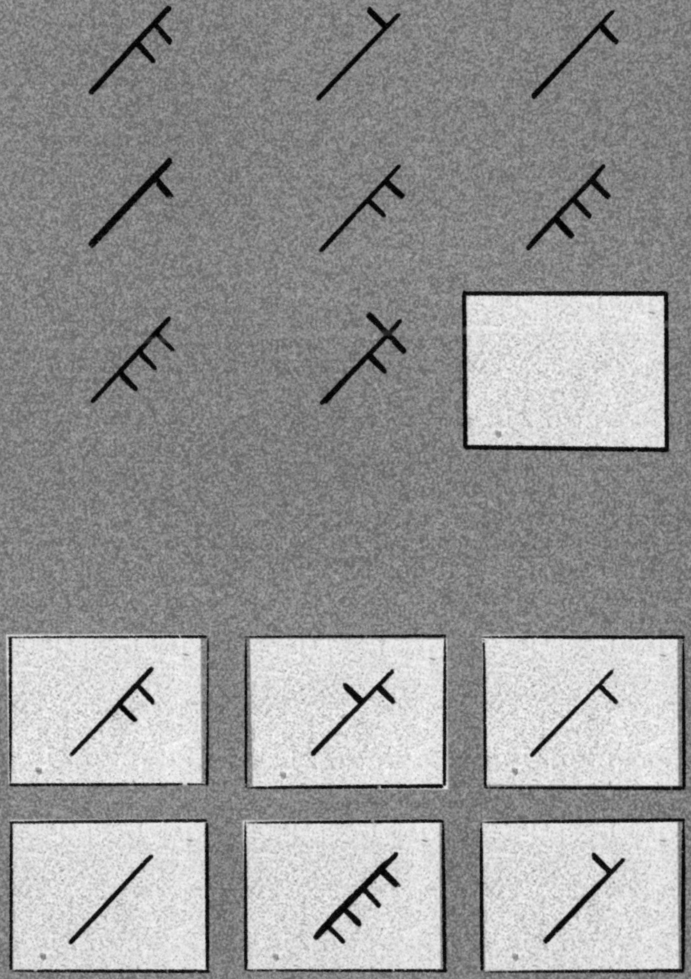

# COMO SE TORNAR MAIS INTELIGENTE?

*The test of a first-rate intelligence is the ability to hold two opposed ideas in the mind at the same time, and still retain the ability to function.*[15]

**F. Scott Fitzgerald**
(1896-1940)

Antes de discutir se é possível aumentar o seu nível de inteligência e sobre como se comportar para atingir esse objetivo, há uma pergunta que deve ser formulada:

## O QUE É INTELIGÊNCIA?

---

[15] O teste para uma inteligência de primeira linha consiste na habilidade de reter na mente duas ideias opostas e, mesmo assim, conservar a habilidade de funcionar.

Inteligência é uma qualidade de nosso cérebro um pouco difícil de definir. Numa primeira tentativa, poderíamos compreendê-la como a "habilidade em descobrir regras", mesmo que elas estejam ocultas.

> Vamos exemplificar para entender melhor. Se alguém lhe fornecer a sequência:
>
> 1, 3, 5, 7, 9, ...
>
> e perguntar o que colocar no lugar das reticências (...), com certeza você responderá 11!
>
> Agora, se alguém perguntar "Por que 11?", você poderá dar várias respostas:
>
> 1. *A sequência é de números ímpares e o próximo ímpar, depois do 9, é o 11.*
>
> 2. *Os números pulam de 2 em 2; portanto, o próximo é* $9 + 2 = 11$.
>
> 3. *O n-ésimo número da sequência é dado pela expressão:* $2n - 1$.
>
> *O "9", por exemplo, é o quinto número da sequência; portanto, como* $n = 5$, *então:* $2n - 1 = 2(5) - 1 = 9$.
>
> *As reticências estão no lugar do sexto, então:* $n = 6$. *Portanto:* $2n - 1 = 2(6) - 1 = 12 - 1 = 11$.
>
> ... e assim por diante.

Note que a explicação do "porquê" depende de conhecimento, enquanto o fato de responder 11 depende da inteligência.

Pode até acontecer que uma pessoa muito inteligente, mas de baixo nível de conhecimento, responda corretamente a uma série de perguntas do tipo exemplificado e que, apesar disso, não saiba dizer o porquê de suas respostas!

É claro que as situações a respeito das quais você deve ser capaz de descobrir as regras não são, necessariamente, sequências numéricas.

Talvez você acabe descobrindo que, por exemplo, não conversar durante a aula e prestar atenção no que o professor está explicando, por incrível que pareça (!!!), faz com que você entenda melhor o assunto (incrível, não é?!); ou, talvez, depois de levar vários "foras", acabe descobrindo qual a melhor regra para arrumar um(a) namorado(a).

Essa habilidade é o que costumamos chamar de inteligência, virtude que, como estamos vendo, pode ter vários **aspectos**.

## INTELIGÊNCIAS MÚLTIPLAS

Na realidade, hoje em dia, fala-se muito em "inteligências múltiplas". Chega-se, até, a enumerar sete delas. (E há fortes suspeitas de que existam mais!)

"Inteligência", porém, é uma só, desenvolvida harmoniosamente em todas as suas facetas, sejam elas quais e quantas forem.

O mais correto seria falar em "módulos cognitivos", e não em "inteligências".

Se você está curioso em saber quais são as sete facetas básicas da inteligência humana, vamos enumerá-las e descrevê-las rapidamente.

### LINGUÍSTICA

É a que permite a recepção e transmissão da "palavra", seja ela falada, escrita ou até "gesticulada", como é o caso dos sinais utilizados pelos deficientes auditivos.

Quem consegue, por exemplo, entender o "internetiquês" está usando (muito mal, diga-se de passagem) seu módulo cognitivo linguístico.

### LÓGICO-MATEMÁTICA

É a que permite estabelecer relações de causa e efeito, possibilitando a manipulação, inclusive, de relações numéricas, como a que foi citada há pouco.

Muitos pensam que a matemática é difícil. Na realidade, o que complica a vida das pessoas é a falta de lógica.

**MUSICAL**

É a faceta da inteligência humana que nos torna capazes não apenas de produzir música, seja tocando um instrumento, seja cantando, mas, principalmente, de ouvi-la, aprimorando cada vez mais nosso gosto.

E lembre-se: talento se aprende! Inclusive o talento musical!

## ESPACIAL

É a habilidade de se orientar no espaço, imaginar objetos e saber relacionar uma planta ou um mapa com o objeto real nela representado.

Qualquer pessoa deve saber, no mínimo, para onde aponta o Norte, em qualquer momento e em qualquer lugar. Se ela não souber, é uma "desnorteada"!

## PSICOCINÉTICA

É a habilidade que permite dominar o próprio corpo e seus movimentos. Você é capaz de escrever tanto com a mão esquerda quanto com a direita?

Você tem boa pontaria? Sabe andar de bicicleta ou de patins? Em quanto tempo você é capaz de separar as cartas pretas das vermelhas de um baralho?

Você consegue fazer uma mão girar no sentido horário e, simultaneamente, a outra no anti-horário?

## INTERPESSOAL

É a faceta da inteligência que permite seu relacionamento com outras pessoas.

Se você já ouviu expressões como "liderança", "carisma", "trabalho em equipe" etc., saiba que elas se referem justamente a esse tipo de módulo cognitivo.

## INTRAPESSOAL

A famosa frase usada pelos filósofos gregos "Conhece-te a ti mesmo" refere-se justamente a esse tipo de habilidade. Esta última faceta é, talvez, a mais importante, pois, quanto mais você se conhecer, mais vai poder se desenvolver.

Como você deve se lembrar, já comentamos a armadilha na qual caiu o(a) pobre coitado(a) que diz absurdos do tipo: "Eu não gosto de matemática nem preciso dela; eu sou da área de humanas!".

Pois se trata de alguém que achou muito mais cômodo e gratificante dedicar-se mais àquelas facetas de sua inteligência nas quais encontrava maior facilidade, negligenciando as que requeriam algum esforço.

Esse tipo de preguiça (sim, trata-se de **preguiça mental** e não "falta de trabalho", "falta de vocação" ou outra desculpa esfarrapada qualquer) produz pessoas com deficiências mentais permanentes.[16]

Portanto... cuidado! Não caia nessa armadilha!

Conversei, uma vez, com uma pedagoga (cujo nome omitirei por compaixão) que teve um papel importante numa das frequentes (e ineficientes) reestruturações que o Ministério da Educação promove periodicamente.

Lá pelas tantas, ela me sai com a seguinte pérola:

---

[16] Não confunda, como muitas pessoas fazem, infelizmente, deficiência mental (cérebro sadio e mente mal estruturada) com deficiência neurológica (tecido cerebral com problema).

– Eu nunca consegui aprender matemática, física e química, e isso não me fez a menor falta, pois hoje, apesar disso, sou uma mulher extremamente bem-sucedida!

Além de admitir ser uma deficiente mental... tem orgulho disso! E o pior é que a educação brasileira está nas mãos de pessoas desse tipo!

Portanto, lembre-se: você deve desenvolver todas as facetas de sua inteligência, **sem deixar nada de lado**. Por isso, o módulo intrapessoal, ou seja, a habilidade da autoanálise, talvez seja o mais importante, pois é o que desencadeia a melhoria dos outros.

Afinal, ao se autoanalisar você pode tomar consciência de suas falhas, de onde se localiza sua deficiência. E, consequentemente, poderá planejar as medidas necessárias para diminuí-la.

Acho que, a esta altura, você já percebeu que se tornar mais inteligente, no fundo, é se tornar menos burro![17]

Agora, uma coisa que você deve colocar na cabeça como a mais importante de todas:

## SÓ DEPENDE DE VOCÊ!

---

17  Ignorante é o que não sabe... burro é o que não quer saber!

# OS CINCO PASSOS

*A journey of a thousand miles begins with a single step.*[18]

**Lao-Tzu**
(604 a.C. – 531 a.C.)

Vamos ver agora quais são os cinco passos que podem torná-lo cada vez mais apto a sobreviver neste século 21 maluco.

## PRIMEIRO PASSO: ACREDITAR

Acreditar? O que isso significa?, você pergunta.

ACREDITAR quer dizer, em primeiro lugar, acreditar nas próprias falhas mentais.

Em segundo lugar, significa acreditar que seja possível eliminá-las.

---

18   Uma jornada de mil quilômetros começa com um único passo.

Acreditar que seu cérebro é o mais fantástico e poderoso computador que existe na face da Terra.[19]

Acreditar que qualquer pessoa neurológica e razoavelmente saudável é capaz de desenvolver qualquer tipo de habilidade e competência.

É claro que, se você for daltônico, jamais conseguirá um emprego na indústria da moda para decidir a respeito de cores que combinam.

Existem algumas limitações intransponíveis. As mais terríveis e nocivas, porém, são aquelas autoimpostas (como *jamais vou conseguir me orientar*) ou as que foram colocadas por um professor imbecil (*filho, vai fazer engenharia, pois você jamais será capaz de escrever um texto que preste* ou, então, *esqueça entrar para a vida artística, você é muito desafinada*).

Livre-se dessas etiquetas horríveis que você mesmo, ou alguém, colocou em sua testa.

---

19  Três pesquisadores, James Frye, Rajagopal Ananthanarayanan e Dharmendra S. Modha, do IBM Almaden Research Lab e da Universidade de Nevada, para simular o funcionamento de meio cérebro de camundongo no supercomputador BlueGene L, tiveram de utilizar, para tanto, mais de quatro mil microprocessadores de alta velocidade com um quarto de gigabyte de memória cada um. Tudo isso para MEIO CÉREBRO DE CAMUNDONGO. Imagine a que fantástica rede de computadores equivale o SEU cérebro!

Lembre-se: você e seu cérebro são capazes de qualquer coisa! É só querer.

Por exemplo, quando comecei, há muitos anos, a dar aula num curso pré-vestibular em Campinas (SP), os alunos me pediram para, além de dar aula de física, lecionar outra disciplina.

Para a minha surpresa, a outra disciplina, muito importante para os vestibulares da época, não era nem química (além de físico, sou químico industrial) nem matemática (todo físico sabe quase tanta matemática quanto um matemático).

Nada disso! Eles queriam que eu os preparasse para o exame de nível mental!

Esse exame media, justamente, o nível de inteligência do candidato com questões como a que está a seguir:

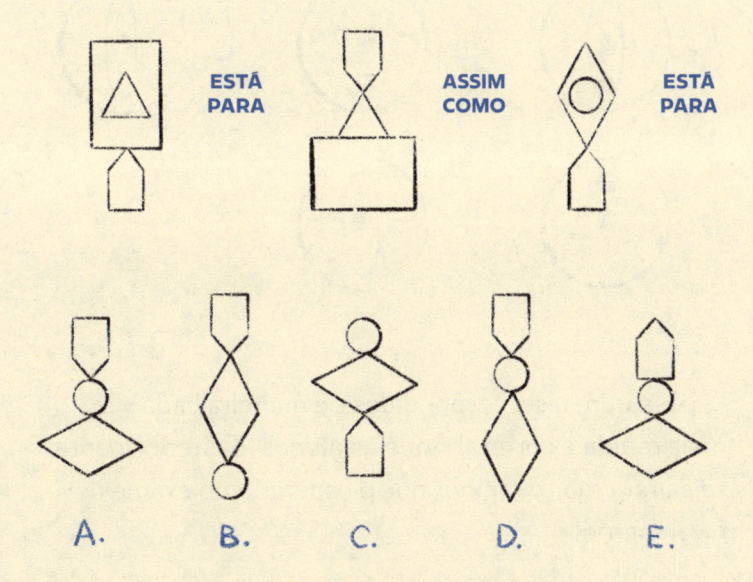

Aceitei a tarefa e comecei a trabalhar nisso com alguns alunos.

Meus colegas me chamaram de louco!

– Imagine! – tive de escutar. – Um burro sempre será um burro! Seus esforços não vão dar em nada.

Pois deram! Consegui fazer alunos adquirirem raciocínio cada vez mais rápido, ágil e criativo!

Questões como esta...

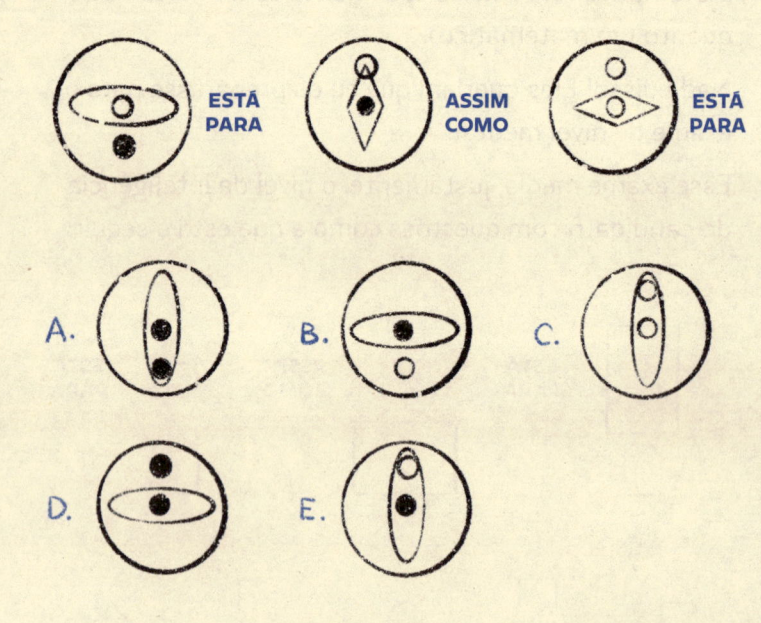

ESTÁ PARA ASSIM COMO ESTÁ PARA

A. B. C.

D. E.

... passaram a ser respondidas de maneira cada vez mais rápida e correta! Aqueles alunos, posteriormente, se saíram muito melhor que o esperado no exame de nível mental.

Apesar dessa experiência que me convenceu de que era possível, passei várias décadas sendo uma voz clamando no deserto! Apenas recentemente, com o avanço do estudo em neurociências, o mundo acadêmico começou a admitir a possibilidade de aumentar e reconfigurar a inteligência de um ser humano.[20]

Portanto, **acredite**, é possível! Aproveite para matar esta também:

*Se a figura ao lado for recortada e dobrada, apenas um dos cubos abaixo poderá ser montado. Qual?*

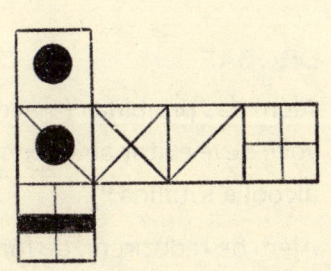

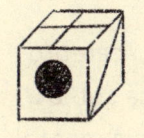

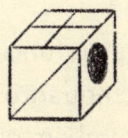

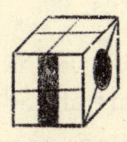

A.   B.   C.   D.   E.

## SEGUNDO PASSO: EVITAR A BURRICE

Existem algumas coisas que, além de não estimular a inteligência, a embotam!

Veja as mais importantes.

---

20  Pesquise a respeito do trabalho, entre outros, do psicólogo Anders Ericsson, da Universidade da Flórida (Estados Unidos).

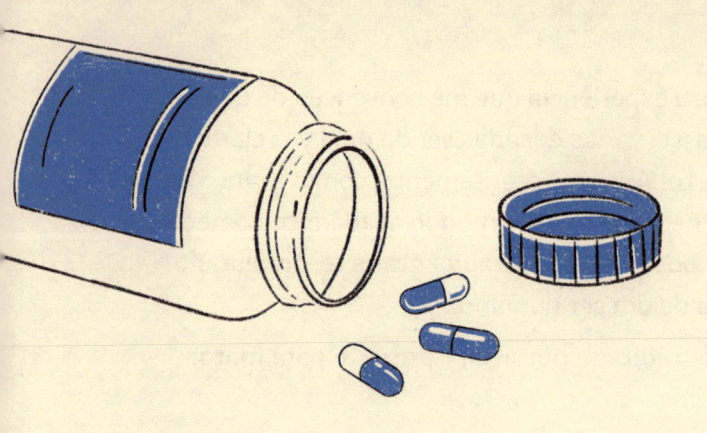

## DROGAS

Além das proibidas (maconha, cocaína e companhia), você deve evitar ao máximo as "permitidas" (tabaco, álcool e Ritalina[21]).

Além de reduzirem, de forma mais ou menos intensa, a rapidez e lucidez do raciocínio, elas produzem danos permanentes.

Isso significa não só que o funcionamento do cérebro é seriamente afetado enquanto a pessoa está sob o efeito da droga, mas também que a deficiência mental vai se transformando numa deficiência neurológica irreversível!

Há outro provérbio chinês que diz:

"Todo prazer vem associado a uma dor. O verdadeiro prazer é aquele no qual a dor vem antes."

Pense um pouco.

---

21  Recentemente, vários pesquisadores têm alertado sobre o uso indiscriminado, inclusive por parte de crianças e jovens, de uma droga denominada metilfenidato (comercialmente conhecida como RITALINA). Se você a utiliza, é importante obter uma segunda opinião médica para saber se é indispensável.

Você se esforça e se sacrifica (dor antes) para corrigir algumas deficiências. Ao obter o que queria, você começa a ter sucesso onde antes fracassava (prazer depois).

Agora vamos ver o oposto.

Você fuma maconha (prazer antes) e se torna um imbecil que só não baba no olho graças à lei da gravidade (dor depois).

Captou a mensagem?

## TELEVISÃO

Na segunda metade do século 20, um laboratório farmacêutico alemão (Grünenthal) inventou um remédio fantástico para evitar o enjoo que acomete algumas mulheres no início da gravidez. O remédio cumpriu o que tinha prometido: as grávidas não sentiram enjoo. Passados alguns meses, porém, descobriu-se uma coisa horrível: as crianças começaram a nascer sem braços, sem pernas ou sem olhos!

Esse remédio chama-se Talidomida e, até hoje, existem hospitais que abrigam as "vítimas da Talidomida".

Aquilo que parecia ser um remédio fantástico acabou se revelando o pior dos pesadelos!

Pois bem: nessa mesma época, começou a se disseminar um meio de comunicação fantástico: a televisão. Ela surgiu para divertir, educar, informar, entreter e... imbecilizar, da forma mais absoluta!

A televisão é a talidomida mental do século 20!

Observe que não estou falando do nível e do conteúdo da programação. Estou falando da televisão em si, como instrumento de comunicação. O mais instrutivo documentário do canal educativo pode ser tão imbecilizante quanto um "teste de fidelidade" ou outra baixaria qualquer!

Eu sei que isso parece paradoxal, mas a explicação é simples: esse efeito imbecilizante se deve, primordialmente, a dois fatores.

Um é comportamental: como a televisão, infelizmente, está o tempo todo ligada nos lares e nos locais públicos, as pessoas se sentem no pleno direito de não prestar atenção nela e até de conversar entre si enquanto alguém, na telinha, está se esforçando para captar sua atenção.

Instintivamente, esse comportamento acaba sendo sempre adotado, seja num cinema, num templo, numa conferência ou numa aula. É muito comum ouvir pessoas conversando em uma sessão de cinema e falando alto!

Durante algumas palestras que realizei em escolas, por exemplo, já me aconteceu, várias vezes, de ver um pai ou uma mãe atendendo ao celular e conversando em voz alta enquanto estou falando!

No meio de uma palestra para vários secretários municipais de Educação, no Sul do Brasil, bem no meio do ponto mais importante de uma explicação, duas pedagogas começaram a bater papo em voz alta sobre assuntos particulares!

Já que podemos ser mal-educados com a televisão (pois ela não se ofende), passamos a ser mal-educados sempre.

Isso faz com que, por exemplo, minidondoquinhas fúteis e estúpidas se permitam conversar e fofocar durante uma aula como se estivessem no sofá da sala.

E nem sequer têm consciência de como esse comportamento é vulgar e imbecil. Isso faz com que as vidiotas interrompam a aula, já que o professor é obrigado a chamar a atenção ou, pior ainda, se o professor também for um vidiota que não se importa com o zum-zum-zum do ruído de fundo, vai permitir a fofoca fútil, prejudicando o nível de atenção dos outros alunos.

O segundo fator é mental. A televisão substituiu a mais útil, divertida, fantástica e maravilhosa forma de lazer: a leitura.

É muito mais fácil ligar a TV do que abrir um livro. Moral da história: já foram criadas, pela TV, pelo menos três gerações com grandes porcentagens de analfabetos funcionais.[22]

---

22   Um analfabeto funcional é alguém que consegue reconhecer letras e palavras, mas não compreende o que foi lido.

Como todo analfabeto funcional é, por definição, alguém com sérias deficiências em sua formação, acabamos de demonstrar o efeito extremamente maléfico da TV.

Um exame mundial, realizado em 2003, demonstrou que os estudantes brasileiros tinham, basicamente, um único problema que justifica o catastrófico resultado obtido:

Não sabem ler!

Existem outros, mas acho que, por enquanto, estes dois fatores são suficientemente preocupantes para que você pense bem antes de tocar naquele botãozinho do controle remoto.

## GAMES

Existem alguns jogos que rodam no computador ou num console de videogame que podem até estimular o desenvolvimento de algumas habilidades.

Por exemplo, você é o Teseu da mitologia grega e está percorrendo o labirinto à procura do Minotauro.

Ao se sentir perdido, você tecla F1 (ajuda) e aparece uma planta do labirinto indicando onde você está, para onde está olhando, quais os pontos cardinais e onde está o monstro.

Nesse momento, você começa a melhorar sua inteligência espacial.

Com certeza, depois de jogar várias vezes, poderá ler um mapa rodoviário durante uma viagem com muito mais competência.

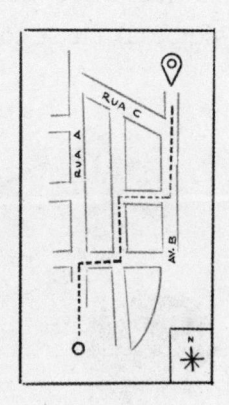

Além disso, sua cultura geral recebeu um pequeno acréscimo de mitologia grega que, se você tiver um milímetro de curiosidade, vai levá-lo, por exemplo, até Ariadne, Dédalo, Egeu e Ícaro. Bom! Então posso jogar videogame à vontade!

Claro que não! O exemplo que dei é uma exceção, e não uma regra.

A esmagadora maioria dos jogos consiste, porém, em competições malucas nas quais você arrisca tudo para ultrapassar um adversário.

Bateu? Capotou? Tudo bem, no jogo você tem meia dúzia de vidas.

Aí o desgraçado compra uma carteira de habilitação (isso mesmo: compra!) e sai pelo mundo dirigindo como se, na vida real, também tivesse chances adicionais de recomeçar o jogo depois de morrer num **acidente**.

Além de colocar a vida em risco (ou seja, correr "risco de vida" e não "risco de morte", como dizem alguns vidiotas), ele se torna uma ameaça pública.

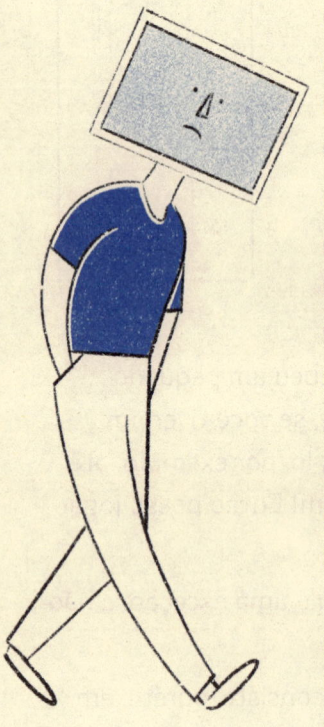

O jogo também pode consistir numa missão de combate com matanças desenfreadas numa orgia de violência incontida.

Resultado: na maioria das escolas, a frequência de brigas entre alunos aumentou assustadoramente.

Não só o videogame estimula a agressividade, como a moda de colocar o filho para treinar "artes marciais" com professores mal preparados, que surgiu entre pais desorientados, contribui para esse ressurgir da pancadaria. Tudo isso com o auxílio do cinema e da TV.

Uma vez, numa danceteria localizada numa ilha do litoral de São Paulo, surgiu uma briga por algum motivo banal, do tipo "alguém mexeu com a minha namorada".

Resultado: um adolescente deu uma cadeirada na cabeça de outro e o matou!

Na delegacia, ainda em estado de choque pelo horror de ter se tornado um assassino, declarou:

– Mas nos filmes não é a cabeça que quebra! É a cadeira! Pois é: nos filmes!

Além de todos esses estímulos negativos, o game tem outra característica extremamente nociva: como é jogado durante horas, faz a vítima sair gradativamente do mundo real, prendendo-a num mundo virtual com outras regras, outros valores e até outras leis físicas.

Essa perda da sensação de realidade vai transformando a vítima numa pessoa cada vez mais fechada num mundo interior.

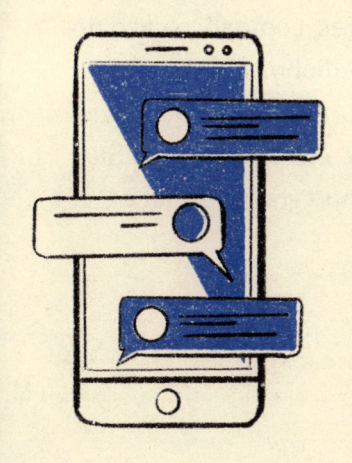

## INTERNET

O computador pessoal e as redes de comunicação que acabaram se integrando numa grande rede mundial chamada internet são algumas das coisas mais maravilhosas que já surgiram no final do século passado.

Agora, temos um mundo maravilhoso de informações à nossa disposição num piscar de olhos.

Toda medalha, porém, tem um reverso!

O grande humorista brasileiro Millôr Fernandes, um dos raros gênios deste país, certa vez escreveu: **Toda vez que você projetar algo que possa ser usado até por idiotas, provavelmente vai ser usado de maneira idiota.**

Foi o que aconteceu com o computador pessoal e com a internet.

No século passado, até a década de 1960, os computadores eram máquinas enormes, que custavam milhões de dólares.

No fim da década de 1970, surgiram os primeiros microcomputadores pessoais. Seus preços eram tão reduzidos que podiam ser adquiridos por pessoas, e não mais só por instituições.

Acontece que esses computadores, como foi o caso do Sinclair, ou do MSX, eram brinquedinhos fantásticos que, além de custar pouquíssimo, obrigavam o usuário a pensar: Quer um joguinho? Escreva o programa! Sua nave espacial entrou em um campo gravitacional e você precisa desenhá-lo?

**Escreva o programa!**

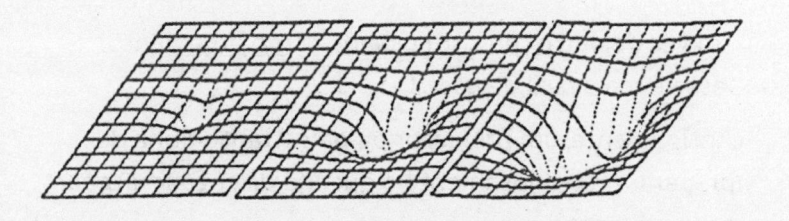

```
100 ' Campo Gravitacional
110 ' Milton Maldonado Jr.
120 '
130 INPUT"Qual a massa";M:IFM<0THEN130
140 COLOR 15,4,4:SCREEN 2:DIM A%(255):FO
R X=0 TO 255:A%(X)=200:NEXT X:BEEP
150 D=0:FOR Y=0 TO 110 STEP5:Y1=Y
160 FOR X=0 TO 130:X1=X:GOSUB 200:NEXT X
:D=D+.75
170 FOR K=Y+1 TO Y+4:Y1=K:FOR X=0 TO 130
 STEP 5:X1=X:GOSUB 200:NEXT X:D=D+.75:NE
XT K,Y
180 Y=Y+1:FOR X=0 TO 130:X1=X:GOSUB 200:
NEXT X
190 GOTO 190
200 XF=(X1-65)/10:YF=(Y1-60)/8
210 IF XF=0 AND YF=0 THEN RETURN
220 Z=M/(XF^2+YF^2):ZT=Z-Y1+180
230 IF ZT>A%(16+X1+D) THEN RETURN
240 PSET(16+X1+D,ZT):A%(16+X1+D)=ZT:RETU
RN
```

**EXTRAÍDO DO LIVRO** *COLEÇÃO DE PROGRAMAS PARA MSX* **(VOL. II). EDITORA ALEPH, 1987.**

O próprio fato de ser obrigado a programar para depois poder brincar (lembra? Dor antes, prazer depois!) estimulava tanto a inteligência que, atualmente, alguns dos melhores profissionais da área de informática confessam que pegaram gosto pela coisa lendo, quando crianças, os livros que escrevi e editei naquela época sobre esses "brinquedinhos".

Hoje, o usuário do computador é um ser passivo que não cria coisa alguma e opta por um software (pronto) em vez de outro (pronto) usando como argumento: "esse é mais fácil de usar"!

Antigamente, um professor ou palestrante tinha de preparar meticulosamente o que iria dizer e armazenar tudo na mente.

Hoje?

Hoje ele monta um PowerPoint e vai apresentando o conteúdo lendo, como se a plateia fosse constituída de analfabetos que não sabem ler sozinhos (o que, em alguns casos, infelizmente é verdade).

No fundo, se você pensar bem, ele está "colando"!

No entanto, com a chegada da internet, um mundo gigantesco de possibilidades se abriu.

Infinitas possibilidades de pesquisa, cruzamento de informações e troca de conhecimento passaram a estar ao alcance de qualquer pessoa com o mínimo de inteligência e curiosidade.

Eu disse: "... o mínimo de inteligência"...: esse é o problema! Com toda essa sabedoria ao seu alcance, o que os idiotas fazem? Criam contas nas redes sociais! Usando a internet para fofocar[23] de forma idiota, passam, imediatamente, a ter três sérios problemas.

**Primeiro problema:** acham que fazer uma pesquisa na internet é copiar trabalhos elaborados por outros, sem se dar sequer ao trabalho de lê-los completamente.

---

23 "Grandes pessoas conversam sobre ideias, pessoas médias conversam sobre coisas, pessoas medíocres conversam sobre pessoas!" (Eleanor Roosevelt, 1884-1962).

Ctrl + C e Ctrl + V resolvem rapidamente o problema de entregar o trabalho no prazo.

Existem até sites que têm trabalhos prontos!

Você crê que o idiota que faz isso aprendeu alguma coisa?

**Segundo problema:** na tentativa de serem "diferentes", nivelam-se com a maioria. Está certo escrever "vc" no lugar de "você" se estiver com pressa, mas escrever "aki naum" no lugar de "aqui não" já demonstra um avançado estado de debilidade mental!

Há pessoas que argumentam que essa forma distorcida de escrever é uma "variante dialetal", ou seja, uma espécie de gíria, de código entre companheiros de uma mesma tribo e que, na hora de escrever corretamente, os "internetígrafos" voltam à chamada "norma culta".

Mentira!

Os pobres idiotas já estão escrevendo "naum" em redações de vestibular ou concursos públicos!

Além disso, é óbvio que, de tanto ler palavras grafadas de forma errada, o coitado acaba achando que aquela é a forma certa!

Repare um pouco nas estradas: é muito comum vermos placas com uma tremenda crase indevida porque quem as escreveu já viu tantas crases erradas que acha que o errado é o **certo**!

Dá vontade de parar, pegar um spray e **corrigir** como se fosse uma prova!

Talvez, se todos os professores do Brasil fizessem isso, a propagação das crases seria controlada!

**Terceiro problema:** pesquisas sérias e recentes revelam fatos assustadores: a internet e, em particular, as redes sociais viciam tanto quanto drogas químicas.

Vemos, hoje, jovens passando horas nas redes sociais, conversando pela internet, deixando de praticar esportes, deixando de se relacionar socialmente com outras pessoas, deixando de estudar, em resumo...

... DEIXANDO DE VIVER!

Já vi, numa festa de adolescentes, um jovem conversando com um amigo sentado ao lado dele pelo celular!

Já me contaram casos arrepiantes, como o de uma mãe usando o WhatsApp para chamar o filho para jantar!

Nas empresas, podemos ver a triste cena de dezenas de funcionários robotizados sentados à frente de seus terminais, conversando (conversando?) com seus colegas de trabalho pela internet.

Resultado?

Negócios prósperos!

– *Negócios prósperos?* – você pergunta, perplexo.

Sim, negócios prósperos para os proprietários de clínicas de desintoxicação da internet, instituições sérias que relatam casos clínicos preocupantes. Elas abrigam jovens que, afastados do modem, têm crises de abstinência como se fossem dependentes químicos.

Psiquiatras descobrem nos jovens que utilizam compulsivamente a internet para se comunicar um rebaixamento de Q.I. que é o dobro do causado pelo uso da maconha![24]

E agora, o que me diz?
Que tal "maneirar" um pouco?

## TERCEIRO PASSO: ESTUDAR POUCO

No fundo, toda a primeira parte deste livro foi dedicada a este terceiro passo: criar o hábito de **estudar pouco... mas TODO DIA!**

---

[24] Leia algo sobre os trabalhos da dra. Susan Greenfield, da Universidade de Oxford (Reino Unido).

Além disso, você deve ter consciência de que a escola é útil, ou seja, o motivo pelo qual estão tentando ensinar algo não é porque esse algo "cai na prova".

A frase mais catastrófica que um professor pode pronunciar é: "Preste atenção que isso cai na prova!".

Você está na escola para aprender, e não para tirar nota e passar de ano.

Resumindo: você está na escola, ou frequentando algum curso, para se tornar cada vez mais inteligente, e não para obter um diploma.

Pense um pouco no exemplo a seguir...

Imagine um estudante universitário que cursa, DURANTE CINCO ANOS, uma boa faculdade de direito.

Durante cinco longos anos, ele tem centenas de aulas, centenas de provas, discussões, debates e, principalmente, muitos e muitos textos para ler.

Terminados os cinco anos, ele recebe um diploma e se forma bacharel em direito.

Como ele resolve ser advogado, inscreve-se para prestar o exame da OAB, no qual é solicitada apenas uma pequena fração de tudo aquilo que lhe foi ensinado na faculdade.

Ele presta o exame e...

**FRACASSA VERGONHOSAMENTE!**

Era o esperado: no Brasil inteiro, cerca de 80% dos candidatos ao exame da OAB são reprovados![25]

Mas qual é a causa dessa vergonha?

Equivocadamente, tanto as autoridades de ensino do Ministério da Educação quanto os dirigentes da OAB culpam a má qualidade das inúmeras faculdades de direito disseminadas pelo País.

Não é essa, porém, a principal causa dessa situação. Muitos dos reprovados são oriundos de faculdades tradicionais, consideradas verdadeiros exemplos de excelência.

O verdadeiro responsável, no fundo, é o próprio aluno! O motivo?

Passou cinco anos se esforçando para tirar boas notas, passar de ano e obter um diploma. Nunca, em momento algum, passou pela cabeça dele estudar para aprender.

E, como já vimos, estudar para aprender significa estudar pouco, mas todo dia.

Para isso você deve se organizar, deve ter **método**.

Precisa de um **local tranquilo**, sem barulhos que distraiam sua atenção, **sem televisão ligada** e, principalmente, **uma agenda de horários** a serem respeitados.

Assim, seu dia vai render muito mais, e ainda sobrará tempo para o esporte e o lazer.

Lembre-se: durante a aula, você entende; quando está sozinho com suas tarefas é que você aprende; após o estudo

---

[25] No exame 126 de 2005 da OAB paulista, apenas 7,6% dos candidatos foram aprovados!

solitário, ao dormir, é que você fixa. *Mas será que ninguém percebe isso? Será que aquele estudante de direito não sabia que estava equivocado estudando daquela forma?*

Infelizmente, quando a esmagadora maioria das pessoas comete o mesmo equívoco, dificilmente ele será percebido. As pessoas fazem as coisas por costume, e raramente se questionam sobre os reais motivos de seu comportamento.[26]

Uma vez, para dar um exemplo disso, peguei um **táxi** na esquina da escola em que lecionava, e o motorista, um jovem rapaz que já havia me transportado antes, perguntou:

– Professor, na sua escola, à noite, existe um cursinho que prepare para o exame da OAB?

Fiquei curioso e perguntei por que ele estava à procura desse tipo de cursinho.

– Sabe o que é, professor – respondeu o rapaz –, é que meus colegas normalmente terminam o curso e fazem o cursinho no ano seguinte, podendo obter a carteira de advogado, se passarem no exame, apenas um ano depois de formados. Eu pretendo fazer o cursinho junto com o último ano da faculdade. Assim, eu tenho chance de passar no exame logo que me formar.

– Formar em quê? – perguntei, fazendo-me de ingênuo.

– Ué! Em direito!

---

26 Anatole France já escreveu: "Se cinquenta mil pessoas repetirem a mesma imbecilidade, nem por isso deixará de ser uma imbecilidade".

– E nesse curso de direito que você está fazendo – continuei, fazendo-me ainda mais de ingênuo –, você aprende receitas de culinária vegetariana?

– Claro que não, professor!

– Talvez você esteja aprendendo a como calcular uma viga de concreto para que ela aguente um determinado esforço estrutural...

– Não, professor – respondeu o jovem, cada vez mais intrigado.

– Bem, então o que você estuda nesse tal curso de direito que está fazendo?

– Direito, ora bolas!

– E no tal exame da OAB cai que matéria? – retruquei, levantando a voz.

– Direito – disse ele, baixinho, quase sussurrando.

Aí eu completei:

– Será que você não percebeu que o curso de direito É UM CURSINHO PARA O EXAME DA OAB COM DURAÇÃO DE CINCO ANOS?!

**Não, não tinha percebido. E quase nenhum de seus colegas também.**

**A deformação mental do estudante brasileiro é tão disseminada que dificilmente as pessoas percebem. Quando todo mundo erra, errar se torna procedimento normal!**

**Por isso... CUIDADO!**

Não caia nessa armadilha. Seu cérebro, seu maravilhoso cérebro, é capaz de se tornar cada vez mais inteligente, desenvolvendo cada vez mais habilidades e conhecimentos. Porém, o processo é lento e nada no mundo pode acelerá-lo. A dose de crescimento diário é muito pequena. Esse é o motivo pelo qual devemos estudar pouco, mas sem perder um dia sequer.

Deixar de estudar o pouco daquele dia o transforma em um dia perdido na sua escalada para se tornar mais inteligente.

**QUARTO PASSO: PROCURAR DESAFIOS**

Este, por definição, é o mais difícil. Sabe por quê? Porque o quarto passo consiste, justamente, em... enfrentar desafios!

Explicando melhor: o cérebro, tanto quanto o corpo, precisa praticar esporte.

No entanto, no caso do cérebro, trata-se de uma ginástica mental.

Isso significa que, toda vez que você puder optar entre uma maneira fácil e uma maneira difícil, o que desenvolve a inteligência é escolher a difícil.

**Palavras cruzadas, quebra-cabeças, charadas, problemas de matemática, livros policiais e de**

**suspense** etc. são instrumentos que permitem uma boa "**musculação mental**".

Você, com certeza, já deve ter assistido a filmes que, em sua propaganda, pediam: "não revele o final para seus amigos". Assistindo a um filme desses, sem saber o final, existem dois tipos de espectador:

Há os que assistem ao filme entretidos com o enredo e que, no final, têm uma tremenda surpresa, o que já garante um Oscar de melhor roteiro. Mas há também uma minoria que passa o filme inteiro se perguntando "Se eu fosse o roteirista, qual seria a surpresa que teria preparado para o final?".

Agora veja, por exemplo, o que é fazer "musculação mental". Uma vez, meu professor de matemática nos contou a seguinte história:

> Um professor de história chegou para o professor de matemática e disse:
> – Tenho três filhas. Qual a idade de cada uma?
> – Faltam dados – respondeu o matemático.
> No intuito de dar mais informações, o professor de história completou:
> – Multiplicando a idade das três, o resultado dá 36!
> – Ainda faltam dados! – retrucou o matemático.
> – Por coincidência, somando suas idades, o resultado *é igual ao número daquela casa* – completou o pai das três.
> O professor de matemática olhou na direção apontada, sacudiu a cabeça e insistiu:
> – Ainda faltam dados!

> Então, num lance de inspiração, o professor de história afirmou:
> – A mais velha toca piano!
> – Ah! Bom! Agora dá para resolver – disse, com um sorriso, o matemático.

Meu professor encerrou a história, olhou para a classe e, com um sorrisinho irônico, declarou:

– Vocês têm até amanhã para descobrir a idade das três filhas.

É claro que deu para perceber, logo a seguir, a divisão da turma em três categorias:

**Primeira categoria:** os eternos idiotas. Nem prestam atenção na história, nem sentem a menor curiosidade em saber como ela termina.

Normalmente, são pessoas fúteis, muito mais preocupadas com a marca da roupa que usam ou em saber o que aconteceu no último capítulo de uma novela da TV.

**Segunda categoria:** os preguiçosos. Estes partem logo em busca de alguém que tenha resolvido o problema.

Em favor deles, porém, podemos dizer que, normalmente, além de quererem saber a resposta, querem saber como se chegou até ela.

Sem perceber, são salvos pela curiosidade e começam a imitar algumas formas de raciocínio.

Essa curiosidade os coloca vários degraus acima dos idiotas da primeira categoria, já que estes se preocupam apenas em saber a resposta para entregá-la ao professor no dia seguinte.

E, ainda por cima, se entreolham com ar de superioridade, apontando com enfado para o aluno que resolveu o problema chamando-o de "nerd".

**Terceira categoria:** os alunos inteligentes que, até sem querer, se tornam cada vez mais inteligentes.[27]

Encaram o problema como um desafio, como um mistério a ser desvendado. Se algum deles exclamar: "Consegui!", imediatamente o outro pede "Então, não conta!", pois querem conseguir sozinhos.

Sentem um prazer enorme (prazer depois) ao resolver um problema que exigiu esforço mental (dor antes).

É claro que esses são, infelizmente, uma minoria e, como toda minoria, sofrem discriminações.

Ser "nerd", no Brasil, é ser a segunda espécie mais discriminada entre adolescentes. A primeira é constituída pelos negros e a terceira pelos homossexuais, o que mostra o imenso grau de burrice e de mau-caratismo de muitos jovens.

E adivinhe quem são os que mais discriminam?

Bingo!

Os da primeira categoria, os eternos idiotas.

Eternos idiotas que são os que mais consomem drogas, financiando a compra da arma que poderá assassiná-los, amanhã, num assalto.

Eternos idiotas que só usam o computador como terminal para trocar fofocas, reduzindo seu Q.I. progressivamente!

---

27   No próximo segmento, você vai descobrir o porquê.

Eternos idiotas que dão audiência às imbecilidades da TV e sonham em frequentar uma escola que não os obrigue a estudar e que tenha, no uniforme, uma gravata!

Eternos idiotas que alimentam uma das formas mais odiosas com as quais um ser humano pode tratar outro ser humano: o chamado bullying.

Pois é. Ao escrever este livro, eu o fiz na esperança de dar um cutucão nos da segunda categoria (preguiçosos) para ver se conseguem virar "nerds".

Minha experiência como professor mostra que isso é mais que possível.

Minha outra esperança é dar um apoio a esses alunos inteligentes, mostrando mais caminhos para serem trilhados e incentivando-os a não ceder às pressões dos eternos idiotas. Agora, com relação aos eternos idiotas, poucas esperanças me restam, afinal eles são, justamente, eternos! *Mas como você sabe que eu não sou um eterno idiota?*, você poderia perguntar.

Fácil! Se você chegou até aqui, neste livro, certamente não é. Um eterno idiota jamais conseguirá passar da página 10!

E como se tornar um "nerd" saudável e bem-humorado?

O ideal é fazer com que o mais difícil se torne, também, o que dá maior prazer.

Vou exemplificar: o que dá mais prazer, assistir a um filme muito bom no DVD lá de casa ou ir até a aula de inglês?

Se você optou pelo DVD, você é uma pessoa normal, fez uma boa escolha.

Outra pergunta.

Se você é fraquinho em inglês, o que cria maior dificuldade: assistir com o áudio em inglês ou em português?

Se você escolheu assistir ao filme dublado, acaba de fazer uma péssima escolha! Afinal, sempre procure, dentro do que é mais gostoso, o que é mais difícil.

Mudou de ideia e resolveu configurar o DVD para áudio em inglês e legendas em português?

Outra péssima escolha! *Mas, afinal, o que você quer?*, você deve estar se perguntando.

Nada de especial, apenas quero que você assista ao filme com áudio em inglês e legendas também em inglês! *Mas assim eu não vou entender nada!*

Vai, sim! Vai ser mais difícil, mas vai conseguir. Afinal, quando você era bebê e começou a aprender português, na parte de baixo das pessoas aparecia alguma legenda traduzindo para os "gugu dadá" que eram todo o seu vocabulário na época?

Assistir a um bom filme, gostoso, divertido, mas se impondo esse maior grau de dificuldade, vai trazer mais benefícios para o seu inglês do que dezenas de aulas.

Para facilitar um pouco sua vida, posso fazer uma concessão: leia antes o livro em português que conte a mesma história para entender melhor o filme. Isso vai facilitar um pouco, mas não é muito aconselhável porque também vai eliminar um pouco de seu prazer no DVD. Afinal, o filme é sempre muito pior que o livro.

Aliás, por falar em livros, cabe aqui uma pergunta: O que é mais fácil e o que é mais difícil: ler *O senhor dos anéis* ou assistir ao filme?

É claro que assistir ao filme é mais fácil!

Portanto, é lendo o livro que você se torna mais inteligente! Por isso, vou dedicar um passo à parte para os livros.

Antes de terminar este passo, porém, duas observações:

1) "Nerd" não é "aluno estudioso", é "aluno inteligente"! Não confunda.

2) Se quiser saber a idade das três filhas... descubra sozinho!

## QUINTO PASSO: LER MUITO

*Esistono tre categorie di cervelli: quelli che capiscono da soli, quelli che per capire hanno bisogno degli altri, e quelli che non capiscono né da soli né grazie agli altri. I primi sono eccellentissimi, i secondi eccellenti e i terzi inutili.*[28]

**Niccoló Machiavelli** (1469-1527)

No fundo, o quinto passo é uma consequência do quarto e consiste num único conselho: ler, ler e ler!

---

[28] Existem três categorias de cérebro: os que entendem sozinhos, os que, para entender, necessitam dos outros e os que não entendem nem sozinhos nem graças aos outros. Os primeiros são excelentíssimos; os segundos, excelentes; e os terceiros, inúteis.

Só obtém algo interessante da vida, da escola, do trabalho, quem lê muito. E só lê muito quem lê por prazer!

O grande problema é que as pessoas não sentem muito prazer em ler, o que é causado por dois fatores: um deles é a falta de habilidade de alguns professores que, na tentativa de fazer o aluno ler, acabam causando o ódio pela leitura.

Como?

Obrigando o coitado a ler um livro que não foi escolhido por ele. Ora, qualquer pessoa que lide com animais conhece o velho ditado: "Você pode levar o cavalo até a água, mas não pode obrigá-lo a beber". Se você quiser que o cavalo beba, deve fazê-lo ficar com sede.

E, se você enfiar o focinho do cavalo no balde, ele não só não vai beber como vai ser tomado por uma permanente aversão pelo balde![29]

---

29  E se você levar um coice será mais que merecido!

O outro fator da falta de prazer pela leitura é a pura e simples preguiça mental (causada, principalmente, por falta de exercício).

Por exemplo, os eternos idiotas, já comentados no passo anterior, têm cãibras nos miolos ao enfrentar a leitura de um álbum de figurinhas!

Os preguiçosos são obrigados a escolher um livro, e sempre optam pelo "mais fino".

Os inteligentes já são leitores mais corajosos. Porém, às vezes, mal orientados pela escola, partem para "leituras de bom nível" quando deveriam optar pelas "mais divertidas", uma vez que...

## LER É LAZER!

Não apenas lazer, como uma das maneiras mais divertidas, mais gostosas e, estranhamente, mais úteis que um ser humano tem de passar algumas horas.

Muita gente acha estranho o fato de que alguém possa se divertir (e muito!) lendo um livro.

Já ouvi frases do tipo: Para que ler *As crônicas de Nárnia*?

Já assisti ao filme!

Em contrapartida, qualquer leitor, ou seja, qualquer pessoa que tenha descoberto o prazer de ler, dirá: Li o livro e assisti ao filme, mas... o livro é muito melhor!

É claro que o livro é melhor.

Ao ler o livro, você cria o seu próprio filme, muito mais criativo do que poderia ser o filme concebido por um produtor preocupado em agradar aos "antinerds" para obter bilheteria.

Infelizmente, porém, a quantidade de pessoas capazes de "montar seu próprio filme" é cada vez menor, porque isso exige imaginação.

Muita imaginação!

Ouvir rádio e ler livros, por exemplo, exercita a imaginação.

Assistir à TV, no entanto, reduz a capacidade de imaginar, pois a imagem já vem pronta.

O hábito de colocar os filhos na frente de uma TV desde a mais tenra infância transformou boa parte das atuais crianças e adolescentes (e adultos, por que não?) em semianalfabetos, desprovidos de imaginação.

Na realidade, a mente humana tem uma característica muito interessante.

Todo mundo aceita que o ser humano "fala porque pensa".

Na realidade, "o homem pensa porque fala".

É o ato de falar, ou seja, é a capacidade de encadear símbolos para se comunicar, que faz com que o ser humano seja capaz de concatenar o raciocínio, o pensamento abstrato.

A palavra "falar" é colocada aqui no seu sentido mais amplo, no sentido simbólico, tanto da transmissão quanto da recepção dos sinais.

Dois surdos gesticulando um para o outro estão falando, e isso faz com que estejam raciocinando. Mas, para isso, os dois devem conhecer o mesmo código.

Quando seu celular toca... "bip, bip, bip"

> "biiip, biiip"
>
> "bip, bip, bip"

... está "falando" com você. Se você não conhece o código, vai simplesmente perceber que o celular está tocando, mas não vai entender o que ele quis dizer.

Porém, se você conhece um pouco do Código Morse usado em telégrafos, percebe que o primeiro e o último conjunto de três toques curtos (bip, bip, bip) corresponde à letra S (• • •), enquanto o conjunto do meio (biiip, biiip) de dois toques longos corresponde à letra M (— —).

Portanto, seu celular está insistentemente dizendo:

• • • — — • • • = S M S
• • • — — • • • = S M S
• • • — — • • • = S M S

Ou seja: "Short Message Service", que significa: "Serviço de Mensagens Curtas".

Daí, você percebe a importância de conhecer o código. As duas linguagens que você utiliza no seu estudo são a matemática e o português.

Se você não conhecer o código da matemática, por exemplo, não terá a menor ideia de como responder à pergunta:

$4^{1,5} = ?$

Se você conhecer o código, porém, saberá que deverá elevar 4 ao cubo:

$4^3 = 4 \times 4 \times 4 = 64$

e, depois, extrair a raiz quadrada do resultado:

$\sqrt{64} = 8$

ou seja:

$4^{1,5} = 4^{3/2} = \sqrt{4^3} = 8$

Da mesma forma, o código de português permite decifrar um texto sabendo o que ele quis dizer.

O fato de boa parte das crianças e dos jovens ter sido criada na frente de uma TV, sem descobrir o prazer da leitura, faz com que tenham uma dificuldade muito grande para decifrar o código de seu próprio idioma.

Saber transformar letras em sons não é suficiente para dizer que o sujeito está alfabetizado de verdade.

Se, de repente, você vir a frase:

"CONSUETUDINIS MAGNA VIS EST",

será capaz de lê-la em voz alta.

Se alguém, conhecedor do idioma latim, ouvi-la, vai entender tudo e vai ter a sensação de que você disse algo com sentido. Na realidade, por não conhecer o código (no caso, o latim), você se limitou a transformar letras em sons, sem ter a mais pálida ideia do que estava dizendo.

Dessa forma, em **latim** você é um analfabeto funcional.

O grande problema é que toda uma geração de jovens brasileiros, graças à falta de leitura de livros, se tornou uma geração de analfabetos funcionais não em latim, mas no próprio português!

O péssimo hábito de ficar "grudado" na TV, ou fofocando pelo celular em alguma rede social, e afastado dos livros é que criou essa catástrofe.[30]

---

30 Hoje em dia o afastamento da leitura piorou, e muito, com a disseminação das redes sociais.

Por sinal "consuetudinis magna vis est" é uma frase de Cícero que significa "grande é a força do hábito"!

Como consequência desse analfabetismo funcional, os alunos recebidos no curso pré-vestibular apresentam quatro problemas básicos:

**Primeiro problema:** falta de vocabulário – Basta aparecer um texto com coisas do tipo "claudicante", "inerente", "insípido", "inócuo" etc., ou seja, palavras que jamais frequentam os bate-papos da internet, para que o texto se torne imediatamente misterioso. Falta de código! Está ocorrendo um verdadeiro "verbicídio"!

Como **enriquecer o vocabulário**, ressuscitando palavras indispensáveis ao raciocínio?

Não precisa decorar o dicionário, basta ler muito. Ao surgir uma "palavra difícil" no texto, muitas vezes seu significado acaba se evidenciando sem que haja necessidade de recorrer ao "pai dos burros".

É claro que, de vez em quando, uma olhadinha no **dicionário** não vai produzir uma hérnia mental em ninguém! Essa olhadinha pode evitar pérolas do tipo:

> "Apóstrofo é um dos doze amiguinhos de Jesus";

ou então:

> "Glândula é um menino que fica atrás do gol para pegar bolas perdidas".

Lembre-se, quanto mais rico for seu vocabulário, mais "**ferramentas**" você terá na oficina de seu cérebro.

**Segundo problema:** interpretação de texto – Os alunos que passaram a infância e/ou adolescência em frente a uma TV, a um videogame ou num bate-papo na internet têm imensa dificuldade em extrair informações de um texto, mesmo que ele não contenha as tais "palavras difíceis".

O aluno aprende, por exemplo, química e não consegue resolver um problema simples porque não consegue entender a diferença entre:

"... a pressão do gás foi reduzida de 20%..."

e

"... a pressão do gás foi reduzida a 20%...".

Se você der uma figura e pedir para produzir um texto que a descreva, muitos conseguem, mesmo com alguma dificuldade para articular as palavras.

Agora experimente o caminho inverso: dê um texto que contenha a descrição e peça para esboçar a figura.

Catástrofe geral! Por quê?

Porque, em frente a uma tela, seja ela de TV, game ou internet, o cidadão está acostumado a receber as imagens prontas, sem precisar fazer o menor esforço para criá-las.

Qual é a solução?

Ler muito, porque quem lê cria a habilidade de criar imagens a partir de um texto – imagens infinitamente melhores e mais fascinantes do que as criadas por outra pessoa. (Lembra? O livro é sempre muuuito melhor que o filme!)

O próprio Einstein (1879-1955) dizia: "A imaginação é muito mais importante que o conhecimento"!

**Terceiro problema:** redação – A dificuldade em elaborar uma redação é uma doença crônica na geração atual de jovens.

E não apenas uma redação: até para formar uma pergunta muitos têm dificuldade. Por brincadeira, proibi, uma vez, de falar a expressão "tipo assim" no começo de uma pergunta. Muitos alunos chegaram a gaguejar ou até a ficar totalmente bloqueados.[31] As redações, que deveriam ter começo, meio e fim, são totalmente desarticuladas e inconcludentes.

E note que não estou falando de erros ortográficos: estou discutindo o próprio conteúdo e a maneira como ele foi articulado.

A razão dessa catástrofe é óbvia: imagine-se colocando uma moeda na caneca de um pedinte que tem uma tabuleta com os dizeres "surdo-mudo". Ao receber a moeda, ele agradece emitindo sons desarticulados.

É claro que se trata de um surdo que não é mudo.

---

31  Um pesquisador japonês descobriu que o uso excessivo de fones de ouvido dificulta uma articulação coerente da fala.

Na verdade, ele se tornou mudo, pois, ao ser criado sem canal de entrada (e por não ter condições de ser tratado por uma fonoaudióloga), acabou não conseguindo elaborar um canal de saída.

A mudez foi provocada pela surdez!

Sendo assim, quem não lê não treina o canal de entrada; consequentemente, tem péssimos resultados ao tentar utilizar o canal de saída quando escreve ou fala.

**Só escreve bem quem lê bem, só lê bem quem lê muito, e só lê muito quem lê por prazer.**

**Quarto problema:** lentidão – Se você ficar na porta de saída de um exame ouvindo as queixas dos que acabaram de prestar um concurso, raramente ouvirá: "A prova foi difícil!"; o que mais se ouve é: "Até que a prova foi fácil, mas... não deu tempo!".

É claro que não deu. O cidadão é um semianalfabeto funcional que é obrigado a ler e reler várias vezes o mesmo texto para ver se entende alguma coisa.

Por que essa lentidão?

Acho que você mesmo já encontrou a resposta. Isso mesmo! Falta de hábito de leitura.

**Quanto mais você lê, mais seu cérebro cria habilidades para entender** o código (mais vocabulário, mais interpretação, mais raciocínio... mais inteligência!); portanto, mais rapidez na leitura.

E, quanto mais rapidez, mais você consegue ler. E, quanto mais você lê... mais **rápido** fica.

Entendeu a bola de neve?

Entendeu por que todo teste de Q.I., de nível mental, de inteligência, é cronometrado?

Testes como aqueles a que você será submetido quando for procurar emprego.

Nos concursos públicos (incluindo os vestibulares) o tempo sempre será intencionalmente curto.

A finalidade de um concurso honesto é selecionar os melhores, e estes sempre são os mais rápidos! Como irei conseguir, então, desenvolver essa rapidez?, você perguntará nesta altura do campeonato.[32]

Trata-se, é claro, de uma pergunta retórica (isso, vá correndo para o dicionário para ver o que é "retórica").

Você já sabe a resposta! Mas, como você mesmo disse, só lê muito quem lê por prazer, e eu não sinto o menor prazer em ler. Este livro, por exemplo, só o estou lendo porque a escola mandou!

Para descobrir o prazer de ler, você deve tomar duas atitudes básicas.

Em primeiro lugar, reduzir (não eliminar... reduzir) o tempo que passa em frente a uma telinha (TV, game, computador). Se não fizer isso, não se sentirá compelido a buscar uma forma alternativa de diversão, nem terá tempo para isso.

---

[32] Muitas pessoas, ingenuamente, acham que é mais cômodo descobrir atalhos que evitem essa chateação de ler muito para adquirir velocidade e caem no equívoco de fazer um curso de leitura dinâmica!

Em segundo lugar, começar uma busca que, se você tiver sorte, poderá ser até muito curta.

Como sabe, foram escritos milhões de livros neste mundo. Com certeza, muitos deles foram escritos para você. O truque consiste em descobrir o primeiro deles. Ao fazer isso, você descobrirá, ao mesmo tempo, que um livro pode ser divertido, fascinante e muito, muito agradável. Mas... como descobrir o primeiro?

Simples! **Pegue um livro** qualquer que conte uma história, seja ela de ficção ou não.

Não pegue, obviamente, um livro técnico (manual de instruções de bombas hidráulicas) ou de referência (dicionário de termos filosóficos).

Nada disso!

Pegue um romance sem preconceitos do tipo "o autor deve ser brasileiro!". Insisto, existem excelentes contadores de histórias e todo mundo adora ouvir histórias. O problema é descobrir que tipo de história vai encantar você!

Comece a ler um romance qualquer.

**Está chato? Pare!** Parar? Mas não devo lê-lo até o fim?

Claro que não! Sua tarefa não é ler um livro (quem tem essa mania são as escolas). Sua tarefa é descobrir o seu livro. Se ele está chato, não é seu livro.

Comece a ler **outro**. Está chato? Pare! Outra vez?

Sim, outra vez e **tantas quantas forem necessárias**.

**Para entender por que você não deve desistir, leia a história a seguir:**

> Imagine que você esteja viajando de ônibus por Mato Grosso do Sul e que ele faça uma parada, digamos, na rodoviária de uma simpática cidadezinha chamada Maracaju.[33]
>
> Você desce para esticar as pernas e vê que o segurança é careca.
>
> Vai ao sanitário e o faxineiro que cuida da limpeza é careca. Vai tomar café e é atendido por uma moça muito bonita.
>
> Ao pagar, você verifica que o caixa é careca.
>
> Vai comprar uma revista e a moça que o atende é muito bonita.
>
> Aí você sobe no ônibus e, ao olhar pela janela, vê passar um careca.
>
> Ao voltar para sua cidade, você pode afirmar: "Olha, fui a uma cidade estranha: todas as moças são bonitas e todos os homens são carecas"?
>
> Claro que não. Generalizações apressadas são um perigo.
>
> Da mesma forma, se você repetir o
>
> "ESTÁ CHATO? PARE!"
>
> uma meia dúzia de vezes, pode vir a ter a falsa sensação de que todos os livros são chatos.

---

33     Eu já estive lá e a cidade é, realmente, muito simpática.

Nada disso! Não desista!

Vale a pena insistir. Sem dúvida haverá um que vai, finalmente, fasciná-lo! Vai contar uma história tão interessante que você não vai conseguir desgrudar do livro.

Nunca vou esquecer uma tarde de verão na praia (eu tinha uns 10 anos e ainda morava na Itália) quando meu primo fechou com um estalo o grosso livro que estava lendo e exclamou: "Pena que acabou!".

Eu levantei a cabeça da minha pista de areia, onde estava se realizando uma corrida de bolas de gude, e perguntei: "É bom?".

Meu primo esticou a mão e me entregou o pesado volume, dizendo: "Teste você mesmo".

À noite, quando fui me deitar, peguei o pesado livro e olhei o título: *Il Conte di Montecristo* (O Conde de Montecristo).

Comecei a ler.

Minha leitura foi subitamente interrompida por uma luz muito forte.

Era o sol nascendo! Eu tinha passado a noite inteira lendo sem parar!

Com certeza haverá um livro (não necessariamente do Alexandre Dumas) que vai provocar esse efeito em você.

Que seja *Harry Potter*; *Assassinato no Expresso do Oriente*; *O senhor dos anéis*; *Pássaros feridos*; *Eu, Robô*; *Sabrina*; *Neuromancer*; sei lá, não interessa qual.

Com certeza existe! É o **seu livro**!

Ache-o e você estará salvo! Mas um único livro vai produzir todo esse efeito?

Sim, mas não pelo livro em si, e sim pela sua descoberta do prazer de ler.

Em Piracicaba (cidade do Estado de São Paulo onde também há muitas moças bonitas e muitos carecas, entre outras coisas) há um ditado que diz: "Se abrir a porteira, não passa um boi... passa a boiada"!

Uma vez descoberto o prazer da leitura, as coisas vão andar sozinhas. Você vai ler cada vez mais, cada vez mais rapidamente, interpretando cada vez melhor, adquirindo um vocabulário cada vez mais rico, escrevendo cada vez melhor e se tornando cada vez **mais**...

... inteligente!

# UM POUCO DE CIBERNÉTICA

O termo "cibernética" vem do grego Kyber, que significa "leme", "direção de uma embarcação". Esse mesmo termo deu origem à palavra "governo", que deveria justamente significar "rumo", "direção a seguir".

A cibernética é, portanto, a arte (e ciência) de governar máquinas, pessoas, sociedades – em suma, qualquer coisa, inclusive a si mesmo. Uma das ferramentas básicas dessa ciência é o mecanismo da retroalimentação.[34]

O exemplo mais clássico de retroalimentação (muito usado nos livros de biologia) é o da boia da caixa-d'água.

Na caixa-d'água há um cano do qual jorra água (CAUSA). Consequentemente, o nível da água na caixa sobe (EFEITO). Se não houver "governo", a caixa fatalmente transbordará.

---

34   Que muitos chamam de feedback, pois fica mais "chiquetoso".

**CAUSA (ÁGUA JORRANDO)**

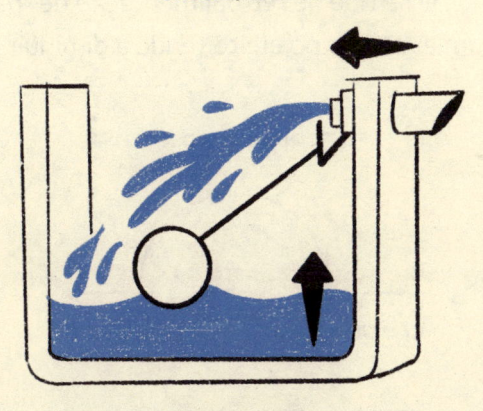

**EFEITO (NÍVEL SUBINDO)**

Para isso, usamos um mecanismo de retroalimentação, ou seja, fazemos o efeito retroagir sobre a causa, colocando uma boia que comanda um registro na saída do cano.

Quando o efeito exagera (o nível sobe muito), a boia é impulsionada para cima, fechando a entrada da água, ou seja, bloqueando a causa.

**EFEITO RETROAGINDO SOBRE A CAUSA**

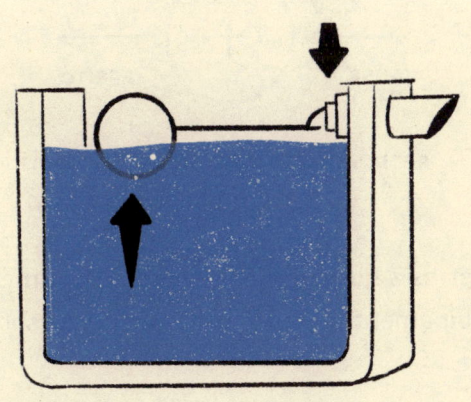

Chamamos esse tipo de retroalimentação de "reguladora", pois um aumento no efeito tende a diminuir a causa.

**EFEITO REDUZINDO A CAUSA**

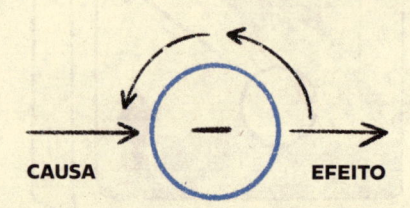

**CAUSA** — **EFEITO**

**RETROALIMENTAÇÃO REGULADORA**

Existe também a retroalimentação "incentivadora", ou seja, aquela na qual um aumento do efeito tende a aumentar a causa.

**EFEITO AUMENTANDO A CAUSA**

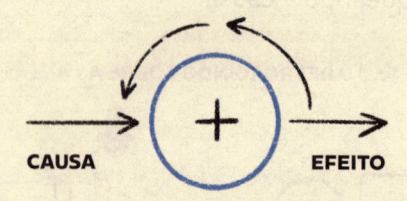

**CAUSA** — **EFEITO**

**RETROALIMENTAÇÃO INCENTIVADORA**

Nas palestras a que você já assistiu, normalmente existe um equipamento de som para que possa ser usado o microfone.

Quando uma pessoa coloca inadvertidamente o microfone em frente ao alto-falante, qualquer pequeno ruído que acione o microfone será amplificado e sairá muito mais intenso pela caixa acústica.

O ruído amplificado (efeito) vai acionar o microfone (causa) muito mais intensamente, aumentando ainda mais o efeito.

Resultado? Aquele uivo horrível chamado **microfonia**. Mas por que você está discutindo tudo isso?

Porque em seu cérebro, no que diz respeito ao desenvolvimento da inteligência, há um mecanismo do segundo tipo.

Traduzindo: **as pessoas mais inteligentes tendem a se tornar cada vez mais inteligentes, e as pessoas menos inteligentes vão, com o tempo, se tornando cada vez menos inteligentes.**

Pense um pouco: quanto mais inteligente (causa) você for, mais curioso será, mais interesse terá em aprender, aceitar desafios etc. (efeitos). Acontece que todos esses efeitos tendem a aumentar a causa que, por sua vez, aumentará os efeitos, e assim sucessivamente.

Entretanto, quanto menos inteligente a pessoa for, maior será sua preguiça mental, seu desinteresse por atividades que estimulem o raciocínio, mais tendência ela terá a ficar se imbecilizando diante de uma TV,[35] reduzindo seu nível de inteligência e, portanto, incentivando cada vez mais os efeitos negativos.

---

35  Ou, pior ainda, fofocando em alguma rede social.

Imagine os indivíduos Fulano (F), Beltrano (B) e Sicrano (S), cujos níveis iniciais de inteligência estão no gráfico:

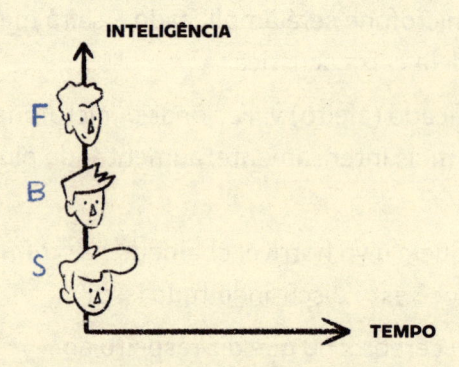

Digamos que Beltrano (B) esteja num ponto de equilíbrio em que os efeitos favoráveis contrabalancem os desfavoráveis, fazendo com que seu nível de inteligência não se altere com o correr do tempo.

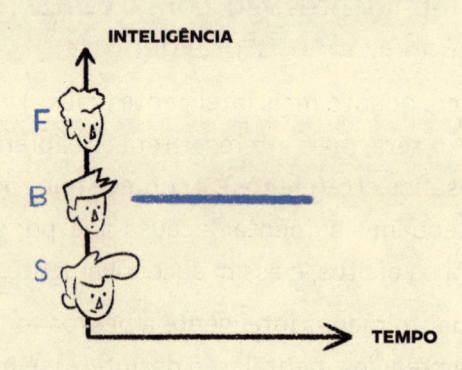

É claro então que, em Fulano (F), a retroalimentação incentivadora agirá no sentido de aumentar seu nível intelectual (pois os efeitos favoráveis ultrapassam os desfavoráveis), enquanto em Sicrano (S) o resultado vai ser o oposto:

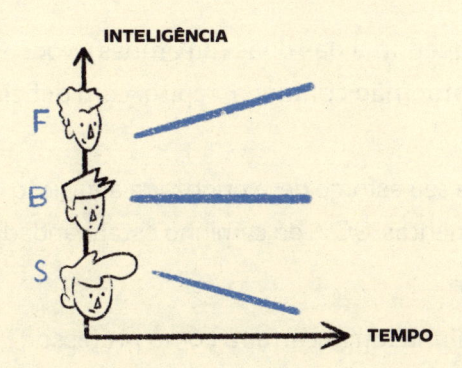

*Seja você Fulano, Beltrano ou Sicrano, lembre-se de que esse esquema retrata a realidade das pessoas que não fazem nenhum esforço para aumentar seu nível de inteligência.*

As escolas, normalmente, se preocupam muito mais em descobrir se o aluno teve 74,9% ou 75,7% de presenças ou se "já fechou" (um dos grandes absurdos da escola brasileira) e não têm o menor interesse em desenvolver a inteligência das crianças e dos jovens.

Esse esquema levou gerações de psicólogos a acreditar que a inteligência de uma pessoa seja uma característica tão fixa quanto a cor dos olhos.

Na realidade, seja você o Fulano, o Beltrano ou o Sicrano, saiba que o desenvolvimento de seu nível mental depende muito mais de seu esforço do que de onde você está partindo. O truque é simples: aprenda a usar cada vez melhor as duas ferramentas indispensáveis para poder se desenvolver:

## PORTUGUÊS E MATEMÁTICA.

Se faltar qualquer uma das duas (ou ambas), você é um deficiente mental (não confunda, repito, com deficiente neurológico).

Se assumir que seu esforço deve priorizar a aquisição dessas duas ferramentas, 90% do caminho estará andado!

Pode acreditar!

Ao longo de minha longa carreira como professor, tenho visto muitos Sicranos ultrapassarem muitos Fulanos apesar da aparente vantagem inicial que estes apresentavam sobre aqueles:

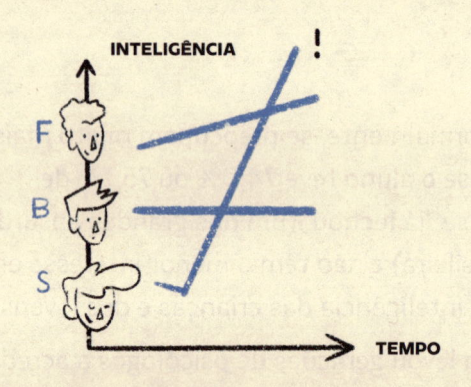

Lembre-se: **nunca é tarde demais**.

Várias vezes já fui procurado, depois de uma palestra, por alunos com frases do tipo: "Professor, eu já estou no terceiro médio e percebi que, até hoje, fiz tudo errado! Ainda estou em tempo de consertar algo?". E a resposta é SIM!

Sempre estamos em tempo, mesmo na terceira idade! É claro que a velocidade de transformação em uma criança é muito maior do que em alguém da terceira idade, mas sempre dá tempo.

É só começar, sofrendo talvez um pouco no começo (dor antes) e colhendo os saborosos frutos de seus esforços mais tarde (prazer depois).

Além disso, é bom ressaltar que se tornar cada vez mais inteligente não é somente uma garantia de sucesso em sua vida escolar e profissional. Esses, aliás, são apenas agradáveis efeitos colaterais (bônus, como diriam os viciados em games). O principal efeito será ter uma vida mais interessante, mais rica, mais intensa. Se você seguir os conselhos deste livro, não precisará assistir às telenovelas para viver a vida dos outros apenas porque a sua própria é cinzenta e medíocre.

Vai, isso sim, transformar sua vida em uma novela fantástica, cujo roteiro você mesmo vai escrever.

Insisto: você vai escrevê-lo! Pare de esperar que as coisas venham de sua família e de sua escola.

Seja o autor do roteiro da sua própria vida, sem medo de ser chamado de "nerd" ou estranho.

Num mundo repleto de pessoas medíocres, ser estranho não é um defeito: é uma grande virtude. Seja estranho, pois talvez assim você possa ajudar um monte de pessoas "normais".

# AGORA, UMA PROVINHA

A seguir, você tem algumas questões na forma de teste que são bons exemplos das que normalmente se utilizam em testes de inteligência. Tente resolvê-las em menos de dez minutos.

## TESTE 1
Qual número melhor substitui o ponto de interrogação?

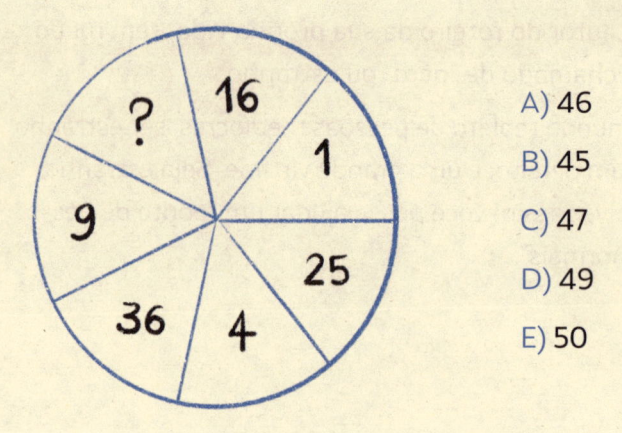

A) 46
B) 45
C) 47
D) 49
E) 50

## TESTE 2

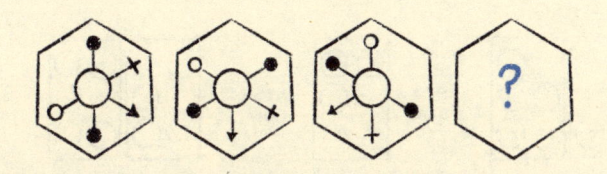

Qual das figuras a seguir pode substituir o ponto de interrogação?

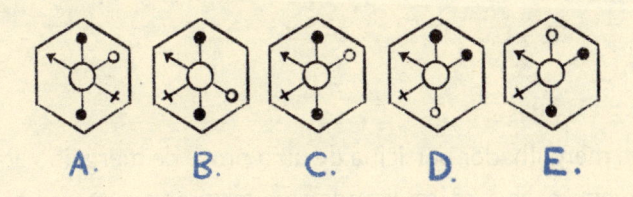

A. B. C. D. E.

## TESTE 3

Um dos hexágonos tem uma característica que o torna diferente dos outros. Qual é o "diferente"?

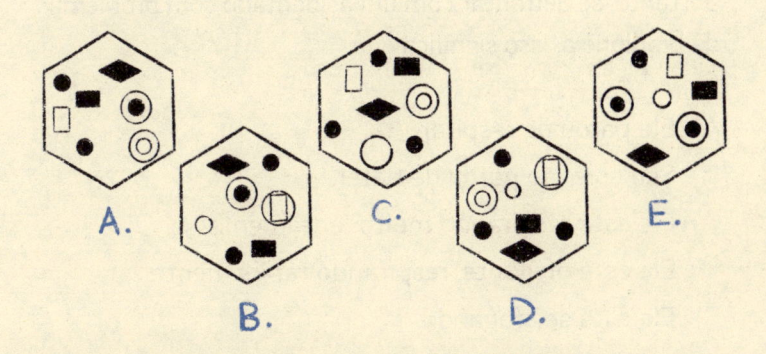

A. B. C. D. E.

## TESTE 4

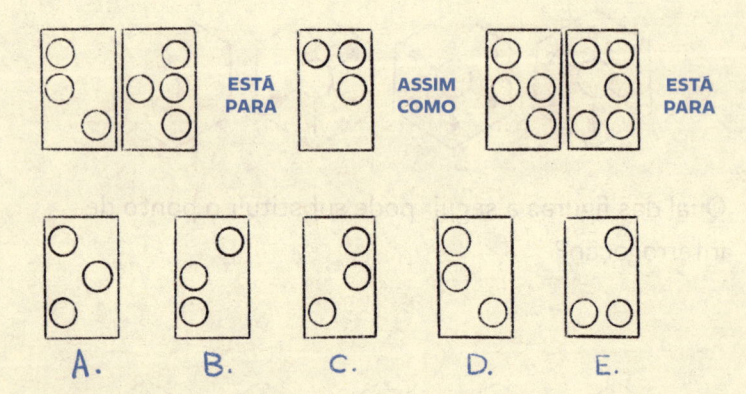

## TESTE 5

Um mergulhador participa de uma prova de mergulho em apneia, ou seja, mergulhando sem respirar por aparelhos, simplesmente prendendo o fôlego. A ansiedade gerada pela iminência da competição pode produzir taquicardia, fazendo seu coração ultrapassar as 150 batidas por minuto. A ingestão de um betabloqueador pode reduzir o problema, chegando a produzir bradicardia, baixando as batidas para perigosas trinta batidas por minuto. Se você, portanto, se defrontar com um acidentado com problemas de bradipneia, isso significa que:

A) Ele parou de respirar.
B) Seu coração parou de bater.
C) Ele está respirando muito lentamente.
D) Ele está ofegante, respirando rapidamente.
E) Ele está se afogando.

# REFE—
# RÊNCIAS

Se seus pais, professores ou orientadores, ao lerem este livro quiserem mais informações sobre as afirmações que fiz neste volume, é bom que saibam que cheguei às conclusões apresentadas por caminhos normalmente não trilhados pelo pessoal da pedagogia, como os dos livros citados a seguir: The *Computational Brain* (Patricia S. Churchland e Terence J. Sejnowski), *O pensamento artificial: introdução à cibernética* (Pierre de Latil), *Neural Networks: a Comprehensive Foundation* (Simon Haykin), *In the Palaces of Memories: How we Build the Worlds Inside our Heads* (George Johnson) e *The Making of Memory: from Molecules to Mind* (Steven Rose).

# AGRADE— CIMENTOS

Em primeiríssimo lugar, queria agradecer à minha amada esposa Nádya ("Esperança", em russo), pela paciência com que digitou o manuscrito deste livro, pela primeira leitura crítica (e bota crítica nisso!) e por ter me obrigado a escrever outro livro no lugar do que eu tenho na gaveta e que, provavelmente, teria gerado um processo movido pelo SPB (Sindicato das Pedagogos Brasileiros) – se é que isso existe!

Em segundo lugar, queria agradecer ao meu "sobrinho" Assaf por ter providenciado uma edição "beta" deste e que tanto me ajudou a expurgar muitos defeitos (com certeza não todos). Muitas correções foram feitas graças aos alertas dos primeiros leitores desta versão, aos quais também agradeço de coração.

Um agradecimento muito especial ao Fernando (e equipe), de São João da Boa Vista (SP), ao Euclides (e equipe), de Campinas (SP), à Marlise de Estrela (RS) e aos prefeitos (e equipes) de Poço das Antas (RS), Fazenda Vilanova (RS), Travesseiro (RS), Capitão (RS) e Colinas (RS), que acreditaram na utilidade deste livro e tornaram possível esta reedição.

Nesta edição, não poderia deixar de lembrar, com gratidão, do Dorival (e equipe), de Piracicaba (SP), do Fábio (e equipe), de Itu (SP), da Célia (e seu time), de São José do Rio Preto (SP), e do dinâmico Gilberto (e equipe), de Sorocaba (SP) e Itapetininga (SP).

Um agradecimento especial ao meu bando de filhos e filhas que gostaram do texto (se bem que o Daniel disse: "Pai, se eu ainda fosse estudante, depois de ler este livro, teria vontade de fugir da escola!") e, em particular, ao Adriano, pela assessoria editorial.

Além disso, gostaria de agradecer a todos os alunos, pais, professores, coordenadores, orientadores e diretores que me convenceram a escrever este livro perguntando, no final de cada uma das centenas de palestras que já fiz por este gigantesco Brasil: "Como é, o livro está pronto?".

Pois é... está!

## Estimulando inteligência

As mais recentes descobertas das neurociências mostram que a inteligência pode ser aprendida, e que esse fato não se dá durante as aulas, mas no momento do estudo individual, extraescolar. Por isso, o papel da família torna-se crucial, e esse livro busca orientar os pais nessa jornada.

---

## Ensinando inteligência

Nesse volume, baseado em mais de cinquenta anos de experiência em sala de aula e em mais de cem mil alunos preparados para as melhores carreiras universitárias, o professor Pier apresenta aos professores as inovadoras técnicas das neurociências para estimular, de forma eficiente, o cérebro de seus alunos, transformando-os em estudantes.

---

## Inteligência em concursos

Para quem já terminou o ciclo básico e quer prestar um concurso vestibular, ou para quem já concluiu a graduação e quer iniciar uma carreira prestando um concurso público, o professor Pier preparou uma série de conselhos, técnicas e métodos para o candidato estudar de forma eficiente com máximo rendimento.

| | |
|---|---|
| **TIPOGRAFIA** | Laca Text VF e Artigo [TEXTO] <br> Redonda [ENTRETÍTULOS] |
| **PAPEL** | Pólen Natural 70 g/m² [MIOLO] <br> Ningbo Fold 250 g/m² [CAPA] |
| **IMPRESSÃO** | Rettec Artes Gráficas Ltda. [JANEIRO DE 2025] |